香港史學會叢書 24

條界任你擺

施志明 著

香港史學會序

《條界任你擺》序

「地」，乃人類生存之基點，更因以群居生活，漸次形成鄉村、部落等生活圈（界），堪稱為最早的社區規劃。古人受資源所限，慣以山河等自然地貌為界線，按開發程度及地理特性作稱呼，是為土名。而歷代朝廷開疆拓土，將所得領土劃為州郡，依統治需要規劃開發，並將重要地標載錄於圖冊，定為官名。蓋官名與土名，各有演化歷程與使用形式，而地名、地理沿革的考察，則是研究地方歷史所不可或缺者。

今，施志明博士新作《條界任你擺》面世，正是此一方面的成果。顧名思義，此書以香港地方的名稱及其範圍變化作切點，著眼重要歷史事件及地區沿革。編排上，先介述港島、九龍半島及新界之歸入英治及基本發展，繼以現代十八區排序，選取重要地標和史事，一一說明。諸如「海域條界都任你擺」、「神仙都想移民的地方」、「你知道你拜緊的車公是誰嗎？」、「夏天，為灣仔帶來鵝頸」等篇章，觀其標題，不但吸引，並見作者之眼光。

近年來，志明兄試以不同題材為切點，簡述香港地方史事，撰成多種書刊，銷情良佳，讀者不少，正反映其識見和市場觸覺。現再接再厲，編寫《條界任你擺》，以輕鬆跳脫的文筆，配上珍貴地圖和剪報資料，介述社區歷史，分析有據而不失趣味。寄望讀者閱覽之時，多感受作者的工夫和用心。是為序。

鄧家宙於恆泰樓

Chapter 2

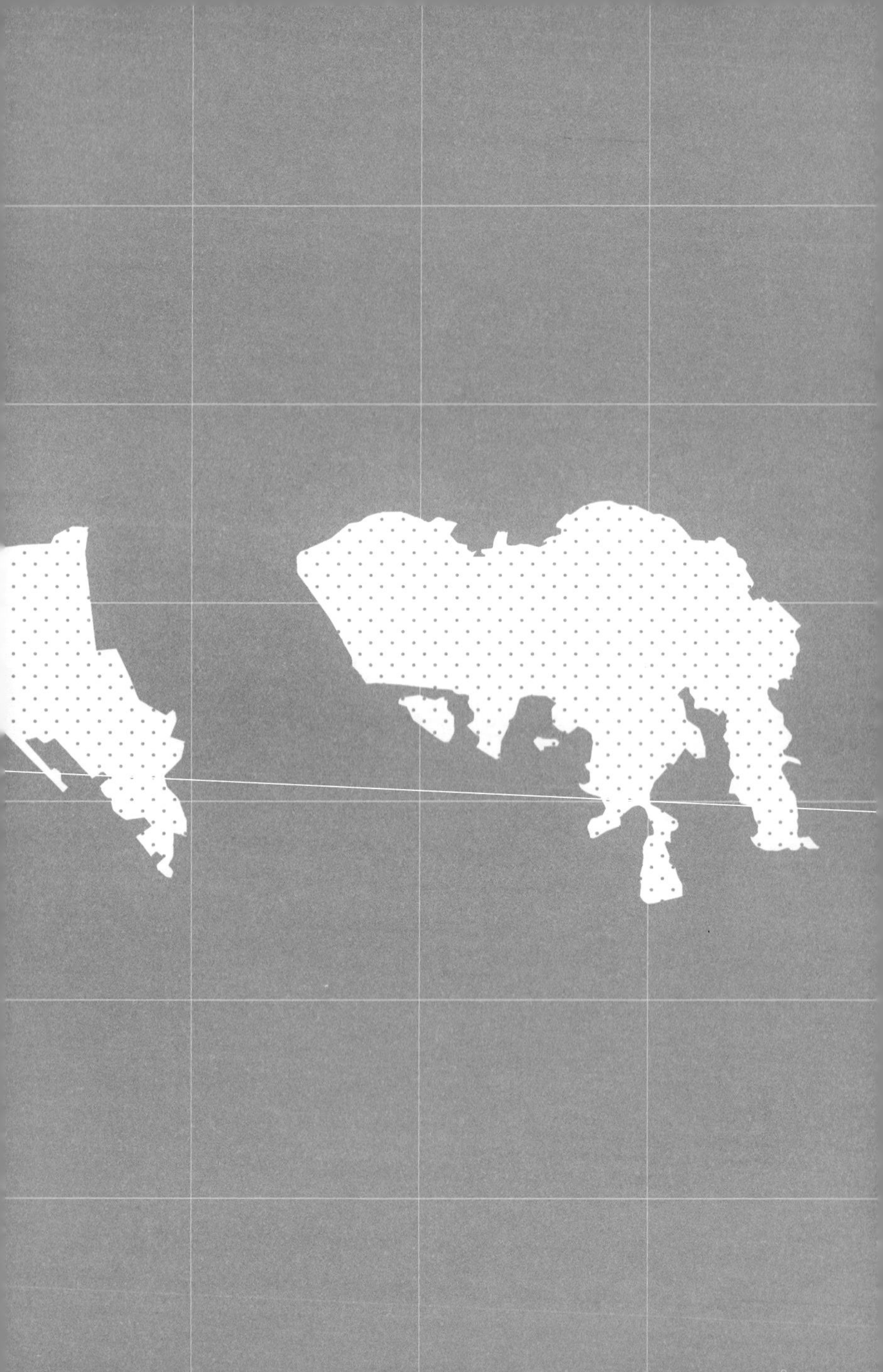

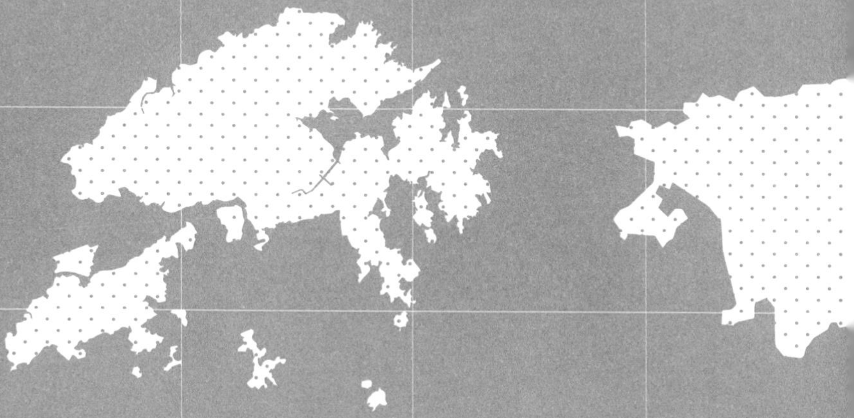

Chapter 1

香港島

HONG KONG ISLAND

在水坑中心呼喚愛

從水坑口說起

在 1841 年 1 月 25 日，星期一，上午 8 時 15 分登陸。我們是第一批真實佔領者，我們便在領地山上三呼萬歲，舉杯祝賀女王陛下健康。

——「硫磺」號（Voyage）艦長愛德華・卑路乍（Edward Belcher）日記

水坑口是英軍登陸佔領香港的地方，故此命名「佔領角」。隨著城市發展，原有的大水坑被填塞，開闢成為道路，稱為「Possession Street」，中文名音譯「波些臣街」，其後改稱「水坑口街」，英文名仍然沿用。

這個地方，可說是一八四一年香港開埠的開端，雖然英軍僅憑《穿鼻草約》，便隨即將香港佔領，建設商埠，但一八四二年簽署的《南京條約》，才是大清帝國割讓香港予大英帝國的正式條約。以下為第三款關於割讓香港的原文：

因大英商船遠路涉洋，往往有損壞須修補者，自應給予沿海一處，以便修船及存守所用物料。今大皇帝准將香港一島給予大英國君主暨嗣後世襲主位者長遠據守主掌，任便立法治理。

香港的發展規模和範圍

開埠之初，香港的版圖僅有香港島（32.9 平方公里）之小。在這片「蕞爾小島」上規劃，早期的目的，就是興建海上貿易居停。香港北岸的維多利亞港「水深港闊」，足以應付當年的遠洋輪船，南有太平山，北有九龍半島，正可抵禦颱風。此外在防衛需要上，英軍自上環水坑口登岸，在東角（指奇力島）及西營盤一帶駐紮，兩地分別背靠渣甸山及太平山，從港島北岸，由東、西兩點，正可監察九龍半島的清軍一舉一動。

另一方面的考慮是人口，從一八四一年五月的人口調查中可見，赤柱可稱為全島「核心」，人口多達 2000 人；東北方的石礦村掃箕灣（筲箕灣）有 1,200 人，完全是流動的採石工；黃泥涌是個農村，有 300 人；至於西南岸的香港（今香港仔）主要是個漁村，則有 200 人；加上自開埠後吸引而來的華人 800 人、九龍的華工 300 人及港灣艇家 2,000 人，香港島總人口為 7,450 人。比對之下，港島人煙稀少的北岸，正好讓英人建立港口城市及進一步規劃，成為日後商業和政治中心——「維多利亞城」（City of Victoria）。

但是，香港政府資源匱乏，最簡單的辦法就是進行土地買賣。「田土廳」（Land Officer）隨英軍登陸後成立，為全港島進行測量及劃分土地。其後，港府於一八四一年六月十四日，便舉行第一次「官地」拍賣，範圍由東起自東角，西至上環，共批租土地 35 幅。

1841 *The Hongkong Gazette* 289

The list is as follows, the names being written as they are pronounced on the spot.

No. 3.

Chek-chu, 赤柱	the capital, a large town.	*Population*	2000
Heongkong, 香港	A large fishing village.		200
Wong-nei-chung, 黃坭涌	An agricultural village.		300
Kung-lam' 公岩	Stone-quarry—Poor village.		200
Shek-lup, 石凹	Do.	Do.	150
Soo-ke-wan, 掃箕灣	Do.	Large village.*	1200
Tai-shek-ha, 大石下	Stone quarry, a hamlet,		20
Kwun-tai-loo, 群大路	Fishing village.		50
Soo-koon-poo, 掃竿浦	A hamlet.		10
Hung-heong-loo, 紅香爐	Hamlet.		50
Sai-wan, 柴灣	Hamlet.		30
Tai long, 大浪	Fishing hamlet.		5
Too-te-wan, 土地灣	Stone quarry, a hamlet.		60
Tai-tam, 大潭	Hamlet, near Tytam bay.		20
Soo-koo-wan, 索鼓灣	Hamlet.		30
Shek-tong-chuy, 石塘嘴	Stone-quarry.	Hamlet.	25
Chun-hum, 春坎	Deserted fishing hamlet.		00
Tseen-suy-wan, 淺水灣	Do.		00
Sum-suy-wan, 深水灣	Do.		00
Shek-pae, 石牌	Do.		00
			4350
In the Bazaar.			800
In the Boats,			2000
Laborers from Kowlung.			300
		Actual present population.	7,450

●《中國叢報》香港島人口統計

港府採取「批租」的方式，將土地租給洋商興建各種民用和商用樓宇，讓私營公司推動城市發展。至於交通網絡上，港府在一八四一至一八四二年建成香港第一條柏油路——皇后大道。其後向柴灣和香港仔延伸，構成一條環島的道路。

港府於一八四五年劃定維多利亞城，最初範圍只包括今日中環一帶最繁榮的街道和上環部分的地方。初期規劃將中環半山闢為政府山，建置總督府與重要政府機關。中環一帶為洋人投資開闢的房屋及商鋪。皇后大道以南至海旁以西（即今日上環一帶）為華人商鋪及住宅。

發展、賣地、再發展、再賣地……到了一八四六年，維多利亞城除了英軍和港府用地，剩餘的土地已經全部租出。截至該年年底，已建成各種樓宇1,847棟，包括洋人住宅、西式店鋪、辦公樓、倉庫以及一些工廠如糖廠、酒廠、水泥廠、製冰廠、麵粉廠等，可見香港基礎建設初具規模。

不過，城市建設亦非順風順水，面對土地不足，填海便是常見的做法。

一八五四年，第四任港督寶靈（Sir John Bowring）為了推動香港基礎建設持續發展，便計劃大型的填海工程。計劃打算在維多利亞港西面的海軍灣（今卑路乍灣）及銅鑼灣之間興建一道海堤，通過填海將港島市區海岸線全面向北推移，並在新填地上修建一條海堤大道。但是，遭到早前已投得維港海旁地段的大商人反對，未能如期進行。最終寶靈任內，僅在黃泥涌入海地方填了一塊不大的土地，取名「寶靈城」（Bowrington，即今灣仔鵝頸）。（最終最終，北岸愈填愈出，維港愈填愈窄。）

＊小知識

港府將政府土地稱作「官地」（Crown Land，直譯為「皇家土地」），這是因為根據《英皇制誥》中「土地國有」的原則，香港土地概念上為英國皇室所有。故此，香港時至今日的所謂「賣地」，實際是土地租賃（Leasehold），以拍賣形式，由付給租金最高者取得租賃權，並設有期限。至於香港唯一例外屬永久業權（Freehold）的土地，為中環政府山上的「聖約翰座堂」，乃「聖公會」擁有。

分區概念由此起：「七約」至「九約」

維多利亞城的發展非一朝一夕完成，隨著人口增加，城區擴展，分區就成為城市管理的重要一環。時至一八五七年，香港島分有九區：維多利亞城、筲箕灣、西灣（今柴灣）、石澳、大潭篤、赤柱、香港（香港村，今黃竹坑舊圍一帶）、鴨巴甸及薄扶林。同時，正式將維城劃分的區域稱之為「約」（District）。

維多利亞城區的範圍由西角（今西環）至東角（今銅鑼灣）天后廟，劃分為「七約」：維多利亞城區的範圍由西角（即今之西環）至東角（今銅鑼灣）天后廟，劃分為「七約」。翌年，維城發展向西邊延伸：西至石塘咀，東至掃捍埔，增設石塘咀約，計有「八約」，一八六六年再發展成為「九約」。有關維城分約概況可參考後頁表格及地圖。

維城隨著城市擴張、人口增加，一度增至十約。這種分約方式，目的是掌握人口分佈及就業情況。按道理，這樣可讓政府按不同區域情況進行有效管理，但這種根據人口劃分的「約」（區域），往往又與不同部門劃分的區域不同，令部門間無法互相協調。凡此種種，即使今日，亦是如此。

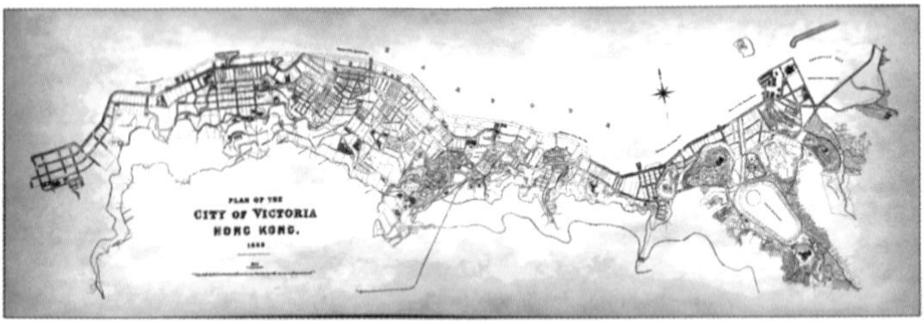

Plan of the City of Victoria, 1889.

時期	約數	地區
1857-1858	七約	西營盤、上環、太平山、中環、下環、黃泥涌、掃桿埔
1858-1866	八約	石塘咀、西營盤、上環、太平山、中環、下環、黃泥涌、掃桿埔
1866-1888	九約	石塘咀、西營盤、上環、太平山、中環、下環、灣仔（環海 1886）、寶靈頓、掃桿埔
1888-1930	十約	堅尼地城、石塘咀、西營盤、上環、太平山、中環、下環、灣仔、寶靈頓、掃桿埔
1930-1942	九約	堅尼地城、石塘咀、西營盤、上環、中環、下環、灣仔、鵝頸、掃桿埔

九龍半島

KOWLOON

界限街的魔法陣

Kowloon, Hong Kong

Kowloon, Kowloon, Hong Kong,
We Like Hong Kong.
That' s The Place For You.
……

——潘迪華（Rebecca Pan）《Kowloon, Hong Kong》

老套地用名曲歌詞作為開首，正因筆者剛說過香港，現在想再說說九龍。

大家試想一下，當你提起筆桿，完成好一封情信（先撇除用電郵），然後自然地在信封面寫上情人的地址，無論你想用英文或中文，都會有基本的地域概念，總之要寫「香港」、「九龍」或「新界」。其中最易分辨的莫過於「香港」，凡是在香港島上的就是。至於九龍和新界，往往極具挑戰，地區概念表面上是清晰，實際卻是模糊，加上地產商的宣傳推波助瀾，在此種情況下，九龍、新界的地域劃分，便更傻傻分不清楚，究竟什麼是九龍？

九龍範圍有幾大？

或者最簡單，先看看一八六零年《北京條約》中的地圖（左圖）確認一下範圍。

歷史上，雖然清國割讓香港予英國後，英人在香港發展維多利亞城，但是開埠之初，便有不少洋商對於「對面海」的九龍半島、尖沙咀更有興趣。不過，始終是清國的地方，垂涎是有的，但無法名正言順地發展也是真的。因此，「過海發展」要到第二次鴉片戰爭爆發（又稱「英法聯軍之役」），透過先租（一八五七年《天津條約》先佔再租借）後割讓（一八六零年《北京條約》正式割讓），將今日界限街以南地段加上昂船洲，收歸英國香港政府管理。

兩地邊界被矮矮的鐵絲網分割，故此，界限街的英文名是「Boundary Street」，的而且確是「界限」。如果這個有限的空間想發展到能媲美「維多利亞城」，要多少年呢？讓我們看一看一八六一至一八八一年的人口分佈。（左表）

維多利亞城的人很多，九龍的人很……少。維城是香港的發展核心，人多是必然，而九龍則成為了緩衝地帶，軍用地多，民用地少。故此在九龍割讓初期，尖沙咀主要有軍事設施，如軍營、操場等；油麻地是華人漁戶聚居處，紅磡則發展成為船塢（對應航運業及進出口貿易）。九龍城市化是近十九世紀末的事。當然，要發展九龍，也同樣面對土地不夠用的情況，於是——填海。

例如一八六零年代初草批紅磡灣填海工程；一八六七年，由業主根據港府計劃在九龍角（今

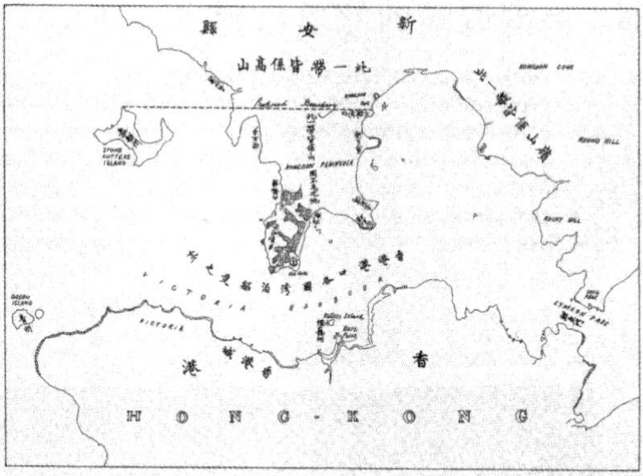

1860 年中英《北京條約》附圖。

年別		1861	1871	1881
合計		77,284	90,100	118,991
維多利亞城		66,069	79,593	102,385
農村	香港島	6,110	5,946	7,585
	九龍	5,105	4,561	9,021
城填人口在城鄉總人口中的比率（%）		85.5	88.3	86.0

此圖表統計資料，參考余繩武、劉存寬主編：《十九世紀的香港》（香港：麒麟出版社，1997 年），頁 303。

尖沙咀）投資建造 500 英尺長的海堤；一八八一至一八八三年，在勿當拿道（後譯麥當奴道，而為免與香港島的同名道路混淆，一九零九年再改稱為「Canton Road」，即今廣東道）以東的九龍角至海軍船塢（後稱九龍政府船塢）進行大規模的填海工程。直到十九世紀末、二十世紀初，九龍西部海岸完全改觀，油麻地、大角咀臨海地段的填海造地均告完成。

九龍的範圍是大了，但還不夠。而再一輪擴展，已是一八九八年租借新界之後。

新九龍是新界地？

九龍就是九龍，為何又說起新九龍？其實真的有分。最簡單，將今日的九龍以界限街作為界線，以南的是九龍，以北的新九龍，OK？

但分來又有何用呢？

因為新九龍是新界地……這也是歷史問題。

一八九八年，歷史教科書會這樣寫：「列強瓜分中國……英國租借新界」。哼哼，更正，那時是「大清帝國」，還請先將國仇家恨收起。當年簽署《展拓香港界址專條》，法理上將港府的管理範圍擴大至深圳河，形成今日的「大香港」。當中細節如何，筆者留待下一篇才說，因為這裡的重點是九龍和新九龍。

「新九龍」土地，就是因租借新界而來。一九零零年新界租借之初，理民官奧姆（G. N. Orme）在《新界報告 1899-1912》作出了特殊安排，將界限街以北、獅子山以南，本同屬新界的租借土地，作為九龍的延伸地帶，劃稱為「新九龍」。

時至一九三七年十二月八日，港府正式制定法例，將「新九龍」範圍以九龍山（飛鵝山）、慈雲山、雞胸山、虎頭山（獅子山）、煙墩山（畢架山；又因當時煙墩山隧道是香港最長的交通隧道，「又長又黑」，故曾稱作「黑山」）、鷹巢山（尖山）等山嶺作為天然界線，由各山嶺以南至界限街以北，包括了九龍城、牛池灣、牛頭角、觀塘、茶果嶺、鯉魚門、九龍塘、深水埗、荔枝角、長沙灣。雖然說新九龍也是新界地，但地域內的衙前圍、古瑾圍、馬頭涌村等村莊，在港府的「城市化」政策下，並沒有今日所說的「原居民」權益。

不過，歷史遺留下來的問題，沒有因某某不承認，說是「歷史文件」便消失於無形。

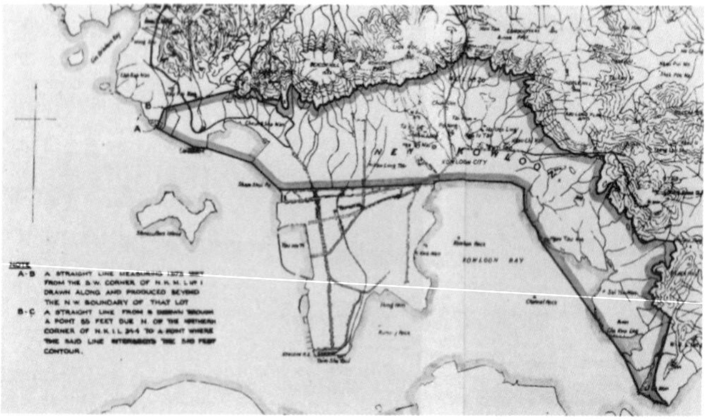

●《香港法例》章 1，《釋義及通則條例》，附表 5〈新九龍範圍〉，1937 年 12 月 8 日。

一地兩制：地租和地稅

無形實有形，樓房、土地契約是有形之物，亦是歷史問題的載體。如果讀者是業主，買賣樓宇時，多少會留意到契約上土地批註的使用年限。

情況一：由 188X 年 X 月 X 日計起，999 年。看到了，你當下會心一笑，以為這物業可以讓後人住上很多很多代。當然，這也是地產商和代理向你銷售的賣點。然後，你只要交「地稅」就是，「割讓地」真好。

情況二：由 199X 年 1 月 7 日起計，50 年。看到了，你當下覺得無妨，盤算著這物業僅住五年七年後便賣盤走人。當然，這也成了地產商和代理向你銷售的賣點。然後，你只要交「地租」就是，同樣是 Leasehold（租約地）便不要分那麼細。

細……心一想，其實「割讓地」的使用權限確實比「租借地」長得多，「地稅」和「地租」名義上確實有分別，但續租、補地價又是未知之數。

界限街北與南——新九龍與九龍，雖然都是「九龍」，但買賣樓宇時真要分得仔細一點。無怪乎 999 年的「千年契」是地產賣點。

（前提是你要對香港充滿信心。苦笑。）

＊小知識
一般來說，原為香港、九龍的「割讓地」，及於一九八五年五月二十七日《中英聯合聲明》生效之前獲批土地契約的物業，須繳交地稅，之後新批的土地契約則為地租。

新界

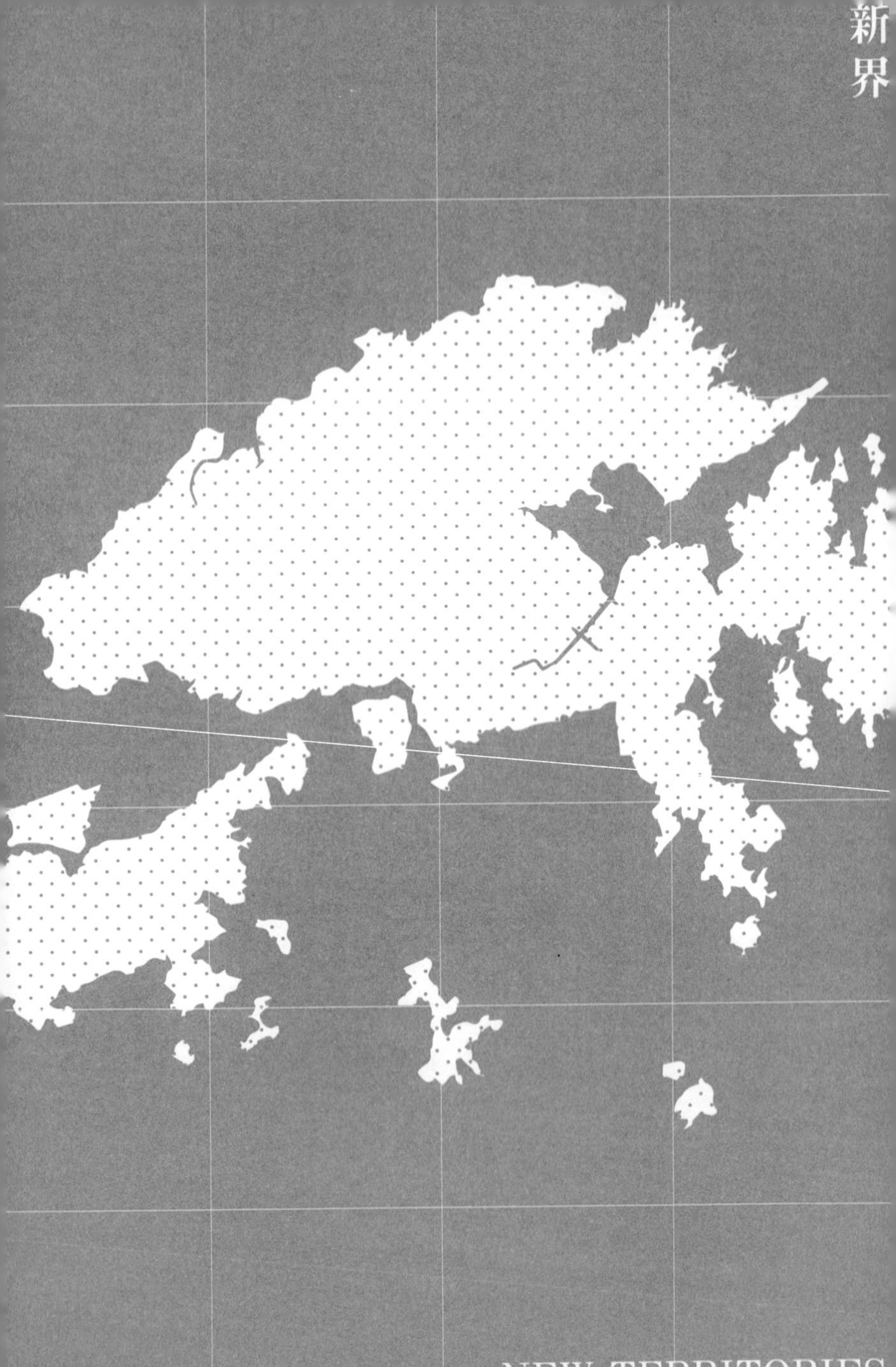

NEW TERRITORIES

新界有問題？

如果香港的範圍只有港九割讓地，城市要有大發展，恐怕困難重重。僅有九龍半島、香港島的話，香港仍然無險可守；進行商貿的遠洋船隻所進出的維港，部分海域仍為清政府控制；如有敵對勢力駐紮在大嶼山或鄰近的離島，香港難以守衛；加上港、九市區人口密集，糧食無法自給自足，又極需土地發展工業。如此，擴大土地，就成為城市發展的重要一環。

拓展土地的「機會」，落在清日甲午戰爭結束之後。一八九五年，德、法、俄國表面為戰敗的清政府說項，實質為的是自身利益，在中國爭奪築路權、開礦權、內河航行權、貸款權、割地租地等，歷史教科書將之描述為「幾有『瓜分中國』之勢」。

關於香港境址的拓展，有清英在一八九八年簽訂的《展拓香港界址專條》（下簡稱《專條》）和一系列租借條約，租期為99年。《專條》中特別指出，九龍寨城仍歸清國所有。其後，兩國再就邊界範圍進行談判，於一八九九年勘定後，簽訂《香港英新租界合同》。「所租之地」統稱為「New Territories」，歸香港政府管轄，連同九龍半島、香港島形成今日的「大香港」，租借期由一八九八年七月一日至一九九七年六月三十日。界限街以北與深圳河以南之間，連同大嶼山等附近二百多個離島，這一片以農村為主的土地均是租借範圍，而地多了，人多了，便要開始管

理。（左圖為 1900 年地圖）

港府先派駱克（James Stewart Lockhart）勘察新界各村，記錄新界社會、經濟等各方面的情況，寫成《駱克報告書》[1]，當中建議設立新界專員（Commissioner）及其管治班子獨立管理新界，簡而言之，便是「一港兩制」。然而，遠在他方的英國不希望剛剛形成的「大香港」出現「一港兩制」，殖民地部大臣張伯倫（Joseph Chamberlain）指示港督卜力（Henry Arthur Blake）以循序漸進的方式去完成「一港一制」的目標。但之後的事態發展說明這不過是張伯倫的一廂情願。

說起來，由一八九八年簽訂《專條》到翌年四月正式接管新界之間，有長達九個月的時間，原因是英國考慮到東南亞地區的局勢，當時美國與西班牙正因菲律賓民族獨立運動而處於對立狀態，美軍戰艦更於一八九八年四月二十三日駛至大鵬灣作臨時基地。若英國於簽訂條約後隨即接管新界，大鵬灣便會成為香港水域，須就美艦的去留表態；而美、西均為英國的友好國，為免「順得哥情失嫂意」，故將接管新界一事後延。

然而，英人未有在這段時間與新界鄉民打好關係而引起鄉民的恐懼與不安，社會充斥謠言，例如：鄉民或因土地被搶奪和強徵稅收而失去生計、風俗傳統會被改變或禁止、新建的警署會破壞地方風水等等。

在一八九九年四月八日，港府正式刊憲，將於四月十七日接管新界。新界大埔、元朗的部分鄉民聯合起來，大埔梅樹坑、林村凹、上村石頭圍及錦田吉慶圍先後出現「反英」行動，戰事

[1] 在香港史，這報告書極為重要，駱克詳細調查了新拓展土地的資源、人口、族群等分佈，有助我們了解當時新界的情況。他更在報告書提出了接管新界及新界北部陸界、九龍城、新界中國關稅和稅收的建議。

Map of the Colony of Hong Kong, 1900. (Printed by Waterlow & Sons.)

5. I should wish you to understand that in my opinion the new territory should from the outset be regarded as an integral part of the Colony of Hongkong, and, as such, should be brought under the general administration of the Colony at as early a date as possible. It appears to me that future difficulties will be obviated by taking this course, and that it will be found to be at once more effective and more economical than treating the leased district as separate from the old Colony. It has, therefore, become necessary to consider whether and in what manner the existing laws of Hongkong may be adapted to the circumstances of the new territory, and this question, as I need hardly observe, presents many features of great difficulty. On the principle that the new territory shall be taken to be and so far as possible be treated as an integral part of the Colony, it is desirable that as many of the existing laws of Hongkong as are applicable to its circumstances should be at once applied, the administration of the laws being carried out with tact, discretion, and sympathy with native custom and prejudice; but there are some laws which are inapplicable and they require some special notice.

A letter dated 6 January 1899, from Joseph Chamberlain to Governor Henry Blake, in *Hong Kong Government Gazette* ,8th April, 1899, pp.531-535.

自四月十四日起，直至十九日結束，後來稱之為「六日戰爭」。英人接管新界各處，鄉紳地主也很「識做」，向港府陳請，以傳統恭維之辭，表示歸順臣服。而港府也很「識做」，向之保證會尊重地方習俗，保障人民權益。其後在新界發展之中，「一港一制」成為港府處理新界問題的宗旨及長遠目標，但有時還是避免不了以「一港兩制」的方式處理。

新界理民府——管理上的城鄉不同？

港府於一八九九至一九零六年將新界分成八約（Division），管治模式與大清帝國的方法相約，除了徵稅以外，地區事務先交由鄉紳自治，稱「分約委員會」（Committee for Sub-District）；再委派助理警司（Assistant Superintendent of Police）及助理田土官（Assistant Land Officer）負責新界田土問題。分區如左表：

（一）九龍約	分九約、六約、全灣三分約。
（二）沙頭角約	分禾坑、蓮麻境、下堡、鹿頸、南約、谷埔、慶春七分約。
（三）元朗約	分八鄉、錦田、十八鄉、屏山、廈村、屯門、大欖涌、龍鼓灘八分約。
（四）雙魚約	分林村、新田、龍躍頭、船灣、翕和、蔡坑、上水、粉嶺、侯約等九分約。
（五）六約	（區內無分約，即打鼓嶺區）。
（六）東約	分西貢、樟木頭、高塘、赤逕等四分約。
（七）東島洞	分吉澳、坪洲、塔門、白潭洲、白蠟洲、滘西、鹽田子等七分約。
（八）西島洞	包括龍鼓、赤鱲角、馬灣、青衣、大嶼山（東涌、大澳、煤窩）、平洲、尼姑洲、長洲等十分約。

The Hong Kong Government Gazette, 27th May, 1899, p. 816-817; II, 8th July, 1899, p. 1069-1078

這段時間，港府為使新界達到「一港一制」的遠期目標，通過立法、土地登記，將新界鄉民的土地由「永業權」正式變為「承租權」，改變新界鄉民土地歸屬後，土地由私有轉換成官有，有謂「民產入官」，新界大宗族、地主「敢怒不敢言」。然而，這樣便會說成英人奪去新界地主土地擁有權，所以須要補充說明一下概念。英國租借新界只有99年，時間有限，批出土地租期也有限，為使新界土地為港府有效使用，便須要將土地上的「物」維持現狀（即一八九八年七月一日）。要「名義上」保障新界鄉民利益，最簡單的做法是讓使用者不變，用途不變；還有當政府需要動用「某土地」時，可以用公價補償收回。故此，立法方面，港府透過以下兩條法案及條例解決新界田土問題。

一、一九零零年通過《新界田土法庭條例》（The New Territories (Land Court) Ordinance, 1900），為新界土地擁有及佔用者解決當地田土契約的問題。

二、一九零零年通過《官地收回條例》（The Crown Lands Resumption Ordinance, 1900），授權港府可以收回新界土地作公共建設之用，為日後發展新界而鋪路。

土地登記在一九零零至一九零四年間進行，若遇上一田兩主，一方執地契（即擁有「地骨權」，為土地真實擁有者），一方執地書（即擁有「地皮權」，為土地使用權租用者）的情況，港府田土法庭往往會將土地判給執地書的佃農。於是，這大大打擊了本地（Punti）[2]地主，反而扶植起客家（Hakka）[3]佃農。新界的田土政策改變了土地的歸屬後，變相提高客家人的

[2] 本地，又稱廣府，指宋元時期定居之大族。

[3] 客家，即客籍人士，指清初展界後入遷，多來自惠州府、潮州府。

經濟地位。（假如英國沒有租借新界，原居民土地要經歷國內的「土地改革」，便會……請讀者自行想像……）一九零四年三月起，田土法庭裁定所有土地編制的《政府田土租借一覽表》（Crown Lease Schedules）及《租借名冊》（Crown Rent Rolls）；及後在一九零五年的「集體官契」（Block Crown Lease）正式成為新界土地權益的契約。

時至今日，我們認為新界男丁擁有的「原居民身份」、「丁屋政策」（新界小型屋宇政策 New Territories Small House Policy）特權，其實是一九七二年才發生的事情。提一提，以上政策為新界限定，新九龍沒份。

新界最高行政官——理民官則於一九零七年出現。理民府（District Officer）制度，是殖民政府透過理民官在新界區內進行監督、協調工作[4]。顧名思義，理民官負責管理民政事務，就好像現時的民政事務署及區域法院的「混合體」，負責新界所有事宜。故此，在理民官的權力高峰時期，他甚至會兼任警官、法官等職位。

理民府出現後，將新界八約合併，分北約與南約，轄地範圍如下：

北約：大埔（包括沙田）、上粉沙打（上水、粉嶺、沙頭角和打鼓嶺，即北區前身）、西貢、元朗和青山（即屯門前身）等地，即大帽山及九龍群山以北；

南約：新九龍、荃灣（涵蓋葵涌、青衣和馬灣）和離島部分。

北約理民府所在地為大埔，而南約理民府則在九龍。處於理民府長官與鄉民之間的是鄉紳

[4] 即「間接管治」，除了新界，其實世界各地所有英國殖民地，例如非洲、東南亞、印度，都有類似理民官的角色。

父老（以華治華），負有通達地方民意、傳示上官意旨、牽頭辦事等責任。如此，戰前港九城市與新界鄉村確實採用不同的管理模式。

「大香港」的「十八區」

經歷日佔時期、香港重光之後，國共內戰繼而爆發，大量移民來港。港府為加強管理新界和離島等偏遠地區，於一九四八年設立新界民政署（新界政務署前身），以管轄大埔、元朗、南約三個理民府。自此，新界理民府逐步發展，到一九八二年分為八區，如下頁表格所顯示。

至於香港、九龍市區方面，是在一九六三年設立分區制度。留意這僅是為「市區」進行分區，例如香港島僅於港島北岸市區設十五區，南部及郊野地區則沒有；九龍設二十二區，以及三個處於開發中或鄉郊狀態的地區。港島南區和郊區「被無視」的狀態，隨著一九六八年市區設立類近新界理民府的「民政處」制度出現後結束，它們總算重新被納入分區範圍之內。

<table>
<tr><th>年期／地區</th><th>北區</th><th>大埔</th><th>沙田</th><th>元朗</th><th>屯門</th><th>荃灣、葵青</th><th>西貢</th><th>離島</th></tr>
<tr><td>1948-1958</td><td colspan="3" rowspan="5">大埔理民府</td><td colspan="2" rowspan="5">元朗理民府</td><td colspan="3">南約理民府</td></tr>
<tr><td>1958-1960</td><td rowspan="6">荃灣理民府</td><td colspan="2">南約理民府</td></tr>
<tr><td>1960-1963</td><td>西貢理民府</td><td>離島理民府</td></tr>
<tr><td>1963-1969</td><td colspan="2">南約理民府</td></tr>
<tr><td>1969-1974</td><td rowspan="3">西貢理民府</td><td rowspan="3">離島理民府</td></tr>
<tr><td>1974-1979</td><td colspan="2">大埔理民府</td><td rowspan="2">沙田理民府</td><td rowspan="2">元朗理民府</td><td rowspan="2">屯門理民府</td></tr>
<tr><td>1979-1982</td><td>北區理民府</td><td>大埔理民府</td></tr>
</table>

● 詳見《香港一九七九年》（香港：香港政府，1979年），第22章，政制和行政，頁199-201

<table>
<tr><th>年期 / 地區</th><th>香港</th><th>九龍</th></tr>
<tr><td>1963-1968</td><td>十五區：薄扶林、摩星嶺、堅尼地城、西區、半山、山頂、西營盤、中區、灣仔、跑馬地、銅鑼灣、北角、鰂魚涌、筲箕灣、柴灣</td><td>二十二區：荔枝角、長沙灣、蘇屋、深水埗、石硤尾、旺角、油麻地、京士柏、尖沙咀、紅磡、何文田、馬頭圍、九龍塘、九龍城、香港機場（啟德）、新蒲崗、黃大仙、佐敦谷、牛頭角、觀塘、油塘、鯉魚門；三區（發展區）：鑽石山、牛池灣、龍翔道</td></tr>
<tr><td>1968-1975</td><td>四個區：西區、中區、灣仔、東區</td><td rowspan="2">六個區：深水埗、旺角、油麻地、九龍城、黃大仙、觀塘</td></tr>
<tr><td>1975-1982</td><td>四個區：中西區、灣仔、東區、南區</td></tr>
</table>

這樣算一算，香港、九龍、新界，剛好「十八區」。時至一九八二年，港府實施「地方行政計劃」，在全港各區設立「區議會」（District Board）及「地區管理委員會」（District Management Committee）。行政區域按區議會分區劃定，港九市區的民政處及新界的理民府於同年十月一日廢除，改稱「政務處」。及至一九八五年，新界的荃灣區分出「葵涌及青衣區」（一九八八年稱「葵青區」），而增至十九區；直至一九九四年，旺角區及油麻地區合併為「油尖旺區」，行政區域再次成為十八之數。

回歸之初（由一九九七年七月一日至一九九九年十二月三十一日），前區議會被臨時區議會取代，而自二零零零年一月一日起，改由十八個新成立區議會（District Council）負責討論區內民生事務。

時至今日，全港分為十八區，如下：

香港四區：中西區、灣仔區、南區、東區；

九龍五區：九龍城區、深水埗區、黃大仙區、觀塘區、油尖旺區；

新界九區：北區、大埔區、屯門區、元朗區、沙田區、荃灣區、葵青區、西貢區、離島區。

如是者，本書《條界任你擺》也是分成十八章，分寫一些地方隨筆。

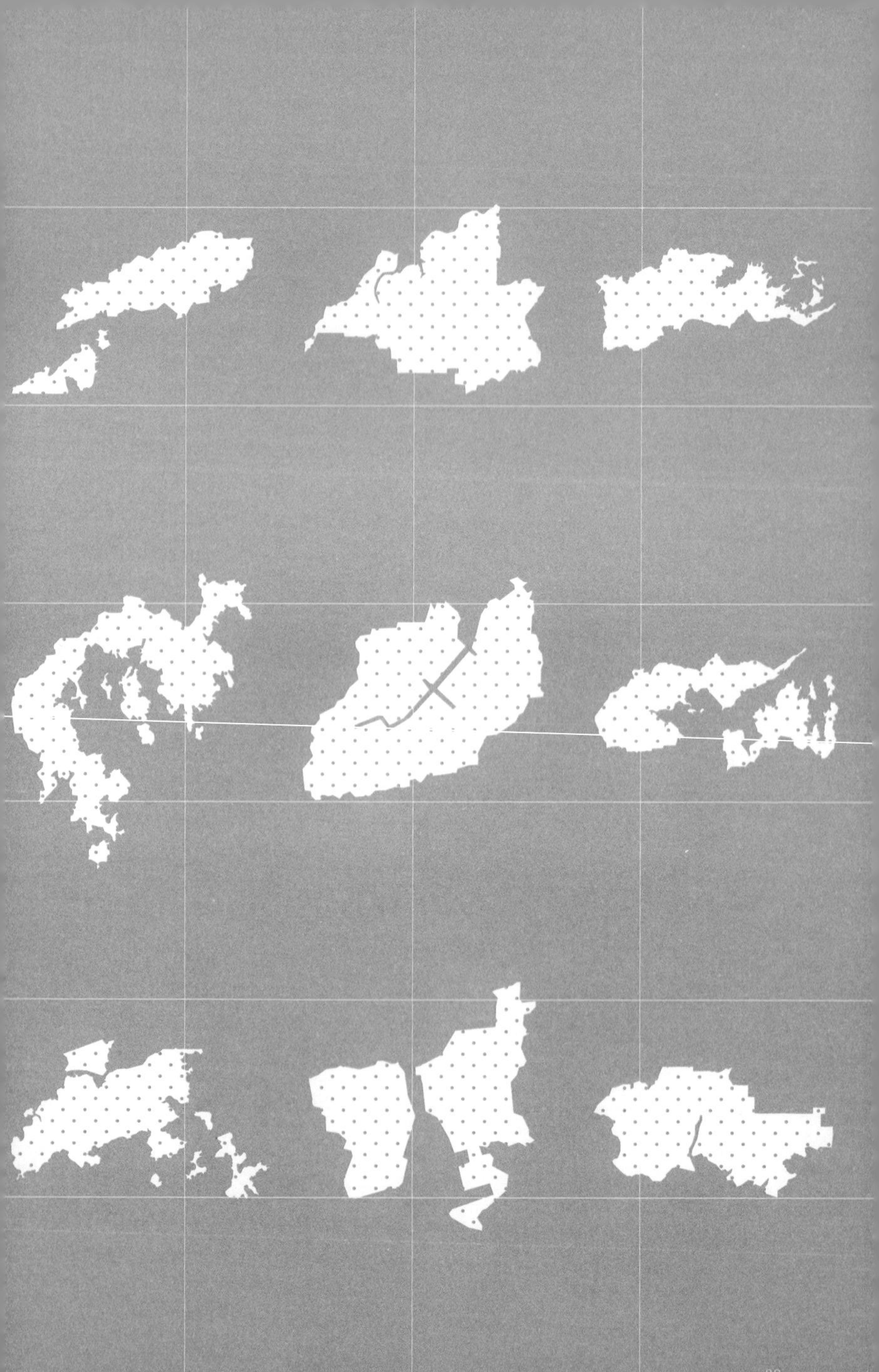

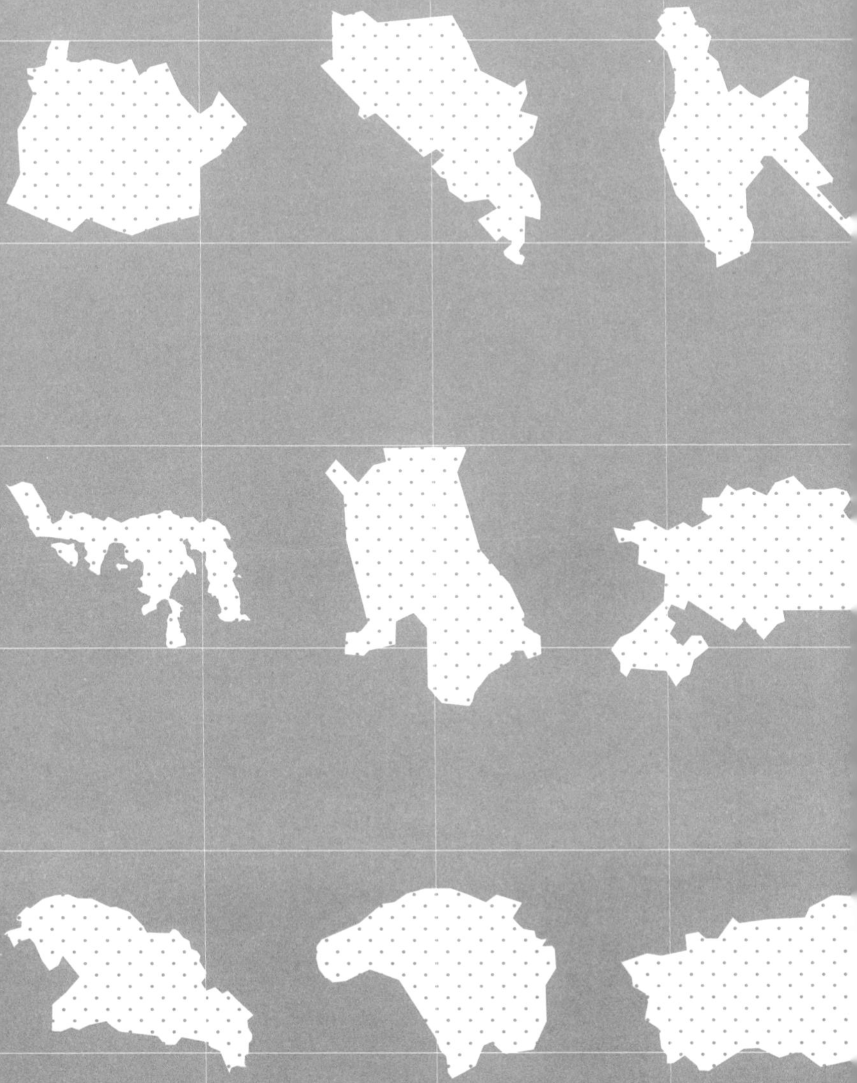

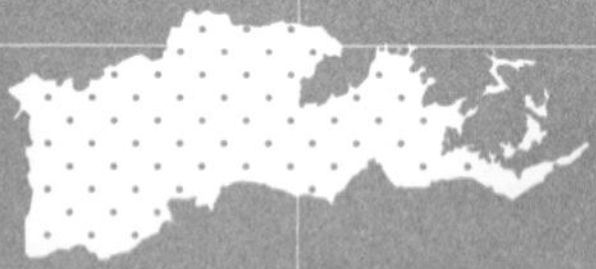

北區
NORTH

自己祠堂自己拆

想起二零一七年八月，與朋友[1]到北區考察侯氏宗族，跟著鄉民侯更燊先生（Robert），騎著單車，打著雨傘，聽著宗族故事，走過燕崗、河上鄉、金錢村。讀者對上水侯氏的印象，可能是來自於侯志強先生的金句：「你畀夠錢我，祠堂都可以畀咗你！」祠堂重要嗎？當然重要，一如孩童間不時的戲言：「拆你祠堂」（由祠堂引伸到生殖能力），拆了便「絕子絕孫」。侯氏能夠說出賣祠堂，當然令港人難忘，但拆祠堂一事似乎對侯族並不特別，因為當你走進燕崗村，便可看到村民拆自己祠堂一事早有先例。

祠堂拆了，並不是什麼也沒有留下，現時在原址路旁仍然有一塊斷裂的石匾，匾上能清楚看到「卓峯侯」三字，祠堂的石柱成為路壆，石燈籠及鼓台石板則成為石凳。你以為將祠堂的部件物盡其用已經非常環保？不僅如此，就連祠堂的那塊地皮後來也出租成修車場，「環保」背後，鄉民拆祠堂的原因何在？

坊間最常見的說法是，事緣當時上水侯氏財雄勢大，招來其他氏族妒忌。燕崗村祠堂大約在清中葉時期興建，以供奉河上鄉、金錢村及燕崗村的共同祖先侯卓峯，藉此團結族人。落成後，其他氏族認為祠堂擋住自家風水龍脈，為了破壞侯氏風水，在祠堂入伙開光前某夜，偷偷地潛入

---

[1] 黃競聰博士（長春社文化古蹟資源中心副執行總監）、郭嘉輝博士（香港理工大學人文學院副項目員）、Stella So（插畫師）。

燕崗村，並在祠堂前放置兩具屍體。而碰巧新界當時爆發瘟疫，不少村民染疫死亡，所以族人便「自己祠堂自己拆」，希望能夠逆轉風水。

另外又有兩個說法解釋祠堂被拆。一是其他氏族放置屍體的目的為報官誣告侯氏族人謀殺，使祠堂無法入伙開光，繼而荒廢塌毀；二是祠堂為敵對村莊砲彈擊毀。但上述兩種說法，與Robert 堅稱祠堂為村民自己拆毀的口述紀錄並不一致。

無論如何，自己祠堂自己拆，在香港新界宗族研究之中實屬罕見。但故事核心，就是村與村的敵對關係，例如當年村民為爭水源、田地，勇武械鬥都是平常事。但關係千絲萬縷，村與村之間除爭鬥外，亦會通婚，可謂有親也有敵，所以他們的村歌唱著：「親也敵，敵也親」。

上水石湖墟與報德祠

說到宗族間的敵我利益，我們可從墟市切入、探討。清初復界之後，今日新界北區範圍的經濟核心就是由上水廖氏掌管的上水石湖墟。除此之外，為了紀念倡議展界、安排沿海居民遷回故地的兩廣總督周有德及廣東巡撫王來任二公，鄉民集資在墟內興建「報德祠」，並作為墟市的議事場所。我們先看一看墟市的組成結構，以了解當年的鄉族形勢：上水廖氏佔二值，龍躍頭鄧氏和河上鄉侯氏各佔一值，位於石湖墟旁的粉嶺彭氏卻連一值也沒有。

卓家侯

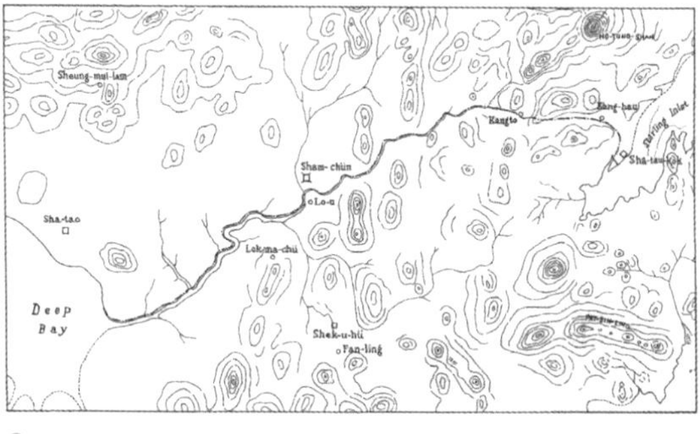

Map of The Convention for the Extension of Hong Kong Territory in 1898

但彭氏並非沒有控制任何墟市，只是該族以七約形式共管的太和市遠在大埔，在石湖墟進行貨物交易更符合地利之便，此之所以，買賣的紛爭時有發生，因利益造成衝突、積怨，相互交織。

石湖墟雖然是北區一帶最早的經濟重心，但是在二次大戰之後，墟市共經歷兩次大火，墟內店鋪燒成灰燼，報德祠也遭波及，所以現存記載不多。然後，石湖墟逐步重建，報德祠原址改建為「巡撫街」以作紀念，昔日管理祠產物業的氏族代表，則組成「周王二院」有限公司（新財街仍見此招牌）繼續營運。新規劃之下，主要街道的命名都以「新」字開頭，寓意「送舊迎新」。與此同時，石湖墟的直接競爭對手——聯和墟出現。由於一邊被火燒，另一邊就建新墟，令人產生不少聯想，使區內充滿陰謀論。

今日，區外人對石湖墟的印象，或許是水貨客跨境購貨的中心地帶，在這裡行走，行李箱會「無定向喪心病狂」地轆過腳掌；然而，石湖墟過去在粉嶺人心中，曾經象徵的是——「霸權」。

聯和墟——反地（主）霸權？

想了解鄉族間的衝突和積怨，可以從聯和墟的開墟典禮上說起。發起人彭富華當日的講辭彷彿意有所指：「組聯和墟之動機，純粹因粉嶺附近十里之內無一建設上稍為合理之墟市，故粉嶺一帶鄉村連同六約軍地四十八村主事人，集合討論組墟問題。」細心點看，句句有骨。追求「稍為合理」背後，不就是原本存在著「不合理」？「粉嶺一帶鄉村連同六約軍地四十八村」聯合起來，就是對付製造「不合理」的他者，而他者是誰？算一算股權，上水廖氏沒有參與組墟。咦，說白點，就是指廖氏控制的石湖墟「呃秤」，欺負粉嶺鄉民。

如何欺負？墟市作為農產品交易場所，除了有買方（批發商或散客）、賣方（農產品提供者）外，亦有中間人：原居民地主（墟主）。賣方的貨品進出、佔地擺賣，便須交「陀地費」；買賣雙方經墟主的「公秤」量度貨物，須付稱為「秤佣」的佣金。批發商雖然人數較少，但採購貨量多，所以往往與墟主關係較好，理應「主持公正」的墟主便故意將農作物秤少一些，農民賣物變相打了折扣；如此，批發商快樂了，農民發怒了，時間久了，爭拗亦多，「呃秤」之說，由此而生。

正所謂「物極必反」，聯和墟就是因「反（墟主）霸權」而誕生。一九四八年鄉紳成立「聯和置業公司」[2]，有著不少客家人的身影[3]，而「聯和」含有「聯合」、「和睦」之意思，也成為了聯和墟的命名由來。

聯和墟最特別的地方，是在墟內中心的有蓋市場。當年有報導將聯和市場與香港的市墟作比較，文中指「聯和市場在中央，和香港的市墟差不多，有豬肉檔、魚檔……不過顧客略有不同。那就是在香港進出市場的白衣黑褲，拖鞋的俏儷們和一些太太和小姐。而聯和市場主顧卻全都是樸實無華的農民們而已。」（見後圖）在發展模式上，建墟初期是香港政府與客籍鄉紳合作，後來變成由鄉紳主導、政府作部分協助。

---

[2] 1949 年 12 月 22 日註冊為有限公司，公司地址為安樂村瑞勝書樓。負責人為李仲莊（董事長）、馮奇焯（副董事長）、彭富華（總經理）、李毓棠（協理）、鄧勳臣及劉維香（司庫）。

[3] 例如董事長李仲莊，生於粉嶺高莆，為前清秀才，戰前已為鄉議局首屆局長，並出仕北約理民官顧問。薛鳳旋、鄺智文：《新界鄉議局史》（香港：中華書局，2011 年），頁 113-114。

《粉嶺聯和墟巡禮》，《華僑日報》，1953年7月4日

特寫

粉嶺聯和墟巡禮

亞堅

聯和墟是新界一個新型墟市，距離九龍市區很遠，但有火車巴士等公共交通工具可以使用，大概從尖沙咀坐火車去，經沙田、大埔到達目的地，約需時五十分鐘，巴士是從佐敦道碼頭開出的十五號巴士，車資和火車相同，收一元二毫，但可惜十五號車只在粉嶺十字路口停留，故來往該墟者，乘十五號巴士，須在粉嶺下車，再步行或乘單車代步，頗爲不便。新界粉嶺聯和墟置業公司，爲求該處交通利便，適應居民來往起見，去年曾派代表拜訪九龍巴士公司，請求將由佐敦道碼頭至文錦渡之十五號綫巴士，經過粉嶺時駛入墟內停站，然後再經文錦渡。據悉：巴士公司對該項請求認爲合理，允待該路之改裝巴士取消，採用新車行走後，即照所請辦理，調整交通。

聯和墟是一九五一年一月廿一日才正式落成揭幕，該墟中的建設，是一個有限公司的組織所主持，遠在一九四六年即開始籌辦，最初由各鄉民每人捐助兩角，共集得五千元爲籌備費用，經過了五年的時間，到前年開幕時止，第一期建成的樓宇共九十幢，全是兩層建築物。隨後第二期工程將擴建六十幢，第三期再建五十幢，到將來全部完成時，整個聯和墟共有樓宇兩百幢，其中包括了戲院，警局，消防局，公園，兒童遊樂場……實在是一個具體而微的現代鄉村城市。

現在全墟的九十幢樓宇中，樓下全部爲商店，有酒家，現代化的咖啡室，旅店，洋貨店，雜貨店，茶和店，跌鋪館洋服店等等，還有五家頗規模的巴基斯坦商店，這些商店是爲了在附近受訓中的巴籍陸軍所設的。鄉民則大多數是爲了附近兵營的兵哥們所設了。目前該墟的商業狀況，不見得很暢旺，現在全墟的居民須約有三千人。

聯和市場在墟的中央，和香港的市場差不多，有豬肉檔、魚檔、小攤、海味檔……不過顧客最有不同。那就是香港進出市場的是白衣黑褲，拖鞋的傭婦們和一些太太和小姐。而聯和市場的主顧却全都是樸實無華的鄉民們而已。

現在聯和墟已告建築完成的露天電影場，名叫聯和戲院，據該院主事人稱：該院定於本月初開幕，該院有露天座位六百四十個，分前後座，前座收七毫，後座收一元，將選映粵語片及西片，因該院爲露天之故，祇能於晚上放映兩場，時間頭場爲八時半，尾場十時一刻。開幕之日，料將有熱鬧鏡頭演出。

聯和墟地位頗好，與九鐵路的粉嶺車站，近在咫尺，公路四通八達，交通順無阻，如果能夠好好地去經營發展，相信定有它的前途，可與元朗上水鼎足而立，成爲新界的商業中心。（附圖：聯和市場與聯和戲院，本報攝）

說到這裡，別以為鄉紳之力能夠無限擴張，因為時至六十年代，政府開始回收聯和墟地段，意味規範化新界發展模式。規範化背後，是鄉紳在傳統墟市管理所承擔的角色被取締。過去，墟主在權利上，可以發展物業及收取秤佣利潤；義務上，墟主須要建設墟市的公共設施及管理市集、商店。簡單點說，就像今日講求的「社會企業責任」，如果做得不好，政府自然會插手處理。

時移勢易，到了七十年代的北區新市鎮發展，粉嶺的發展重心由聯和墟轉移至粉嶺火車站兩旁。北區的上水、粉嶺被納入新市鎮規劃，使得外來人口增多，也逐步淡化了地方鄉紳力量。無論你是「本地」，還是「客家」，又或者是「新移民」，總之身份證上有「三粒星」（香港永久居民）就是「香港人」。

在「貳零肆柒」的界限之下，誠如侯先生所說的「你畀夠錢我，祠堂都可以畀咗你！」，無疑就是「見好就收」，始終原居民的權益不見得能夠延續千秋萬世。

＊小知識

丁地問題：男性原居民擁有（男）丁權，但不一定擁有土地。需有丁有地，才能建丁屋，沒有地的「丁」，需要透過有地一方（例如發展商），配合建屋，藉此以「丁權」換錢，稱為「套丁」。

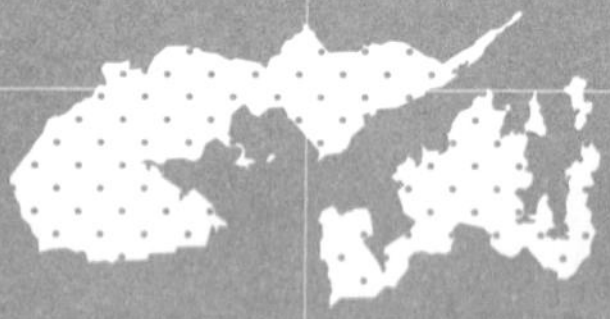

大埔區
TAI PO

我迷失在・*那個」×。大埔舊墟

大埔命名的由來

小時候聽小故事，說香港有老虎，例如大埔區「大埔」之名，原是指「大步」二字。經此地，叢林密，野獸多，便要小心翼翼，大步、大步走，以免成為老虎大餐。對於民間傳說，讀者若當真，我便不會說假。不過還是引經據典，說一說歷史學家考證。「大步」的「步」，意指船舶停泊的地方，原字應為「埠頭」（粵音「步頭」）的「埠」。所以古地圖會寫「大步」（其時或稱「大莆」）、「大步墟」（大莆墟），代表大埔為吐露港的重要大碼頭（深水埗的「埗」也是如此）。其後，「大步」轉化為「大埔」。

以大埔作為新界行政中心

大埔警署設立的位置，在運頭角山丘之上，一說可解暑熱；另一說法是高地建築便於監視各村莊一舉一動。港府調遣英軍接管新界之初，便以此地作升旗禮的地點。至於為何選擇大埔，

Fan-ling
Ping-shan-tsai
Lai-pik-shan
Ting-kok
Sha-lo-tung
Sam-tan-kok
Tung-tsai
A-shan
Wai-ha
Kao-lung-hang
Fung-un
Ha-hang
Shun-wan
Yeung-chau
San-ts'un
Sheung-wai
Tai-wo
Nam-hang
Fung-ma-p'o
Hang-ha-p'o
Wai-tau
Tai-po-hü
San-uk-tsai
Sin-wai
Chung-uk-ts'un
Tung-min-ts'un
She-shan
Wong-nai-au
Tai-om
Tin-liu-ha
A-chau
Tai-om-san
Un-in
Chong-shu-tan
U-kwai-sha
Ng-t'ung-chai
Nam-shan
In-ngam
Ta-tit-in
大埔墟

1866 年地圖

其時有以下考量：新界範圍內，有三個重要陸上墟場，分別為元朗墟、石湖墟、大埔墟（清嘉慶年間），而在地理上而言，大埔向南行可到達沙田，北行可達粉嶺上水，西行則可達元朗，故此可謂新界的中心地帶。大埔接近海岸，東出水路可連接大鵬灣一帶。凡此種種，其後管理新界事務的理民府及大埔警署，亦選址於此。今日在大埔運頭角上仍然可以看到兩座建築的風貌：紅磚建築是理民府，白牆的是大埔警署，可發思古之幽情，想像當年如何管理山丘下的村落。

大埔商戰——墟與市

大埔鄉民並非容易管理，英人在接管時，便面對大埔、元朗鄉民極力頑抗，後人稱之為「新界六日戰爭」。平息之後，英人調查有份參與的鄉民組織，便發現揭開戰幔的以「大埔七約」鄉民為主，而大埔頭鄧氏及龍躍頭鄧氏與其素來敵對，拒絕參與。同樣是大埔鄉民又有何仇怨？而大埔七約又是什麼呢？

先說大埔頭鄧氏，屬於「本地」[1]宗族，與明代時粉嶺龍躍頭鄧氏同屬宋朝「皇姑」後裔。但清初時期，龍躍頭鄧氏影響力下滑，而大埔頭鄧氏仍有相當勢力，可謂新界中部最強盛的村落。這種實力呈現，亦可見之於商業活動。上文提及清代三大墟場之一——大步墟，就是當年大埔頭鄧氏及龍躍頭鄧氏向新安知縣申請建立的。這個墟場建立在孝子祠旁，收益可以延續祠內香火。

---

[1] 「本地」（又稱「廣府」）一詞屬於「我者」與「他者」的相對概念，大體出現於清初復界之後。清政府有見廣東沿海地帶（包括新安縣，即今日香港、深圳）因「遷海令」使得田農荒廢，於是向惠州府、潮州府人士招墾。新安縣為廣州府管轄，故原居於廣州府內者，為「本籍」，外來客居如惠、潮兩府為「客籍」，又稱「客家」。

說到這裡，讀者可能在想「孝」重要嗎？重要，「孝」在帝王朝廷管理（儒家概念）上，「以孝治國」為政治綱領，能夠理解「孝」，便能推演至「忠君」，以「孝」也成為有力的說辭。

至於孝子祠，是源於明代末年龍躍頭鄧氏的孝子故事。當時僕人鄧師孟的主人被海盜林鳳所擄，於是他冒認為主人之子，上船作為人質，讓主人可以藉返村取贖金而逃走。確保主人安全後，師孟便跳海自盡。於是，鄧氏族人便推舉師孟為「孝子」，在大埔海邊建立孝子祠紀念其孝義。其時，龍躍頭鄧氏因家族繁衍壯大，分遷聚居在大埔頭。

至於區內能與鄧氏互爭長短的，有同是本地宗族，自稱文天祥後人的泰亨文氏。文氏在元末明初輾轉遷徙至泰亨立村，擁有不少土地，但在清初遷界時受到打擊，復界後重建宗族力量，不過論實力，仍遜於大埔頭鄧氏。如嘉慶年間，文氏越界建鋪，被縣衙斷結示禁，頒令嗣後文氏只可建屋，不得營鋪。

然而，文氏為增強實力，於同治十二年（一八七三年）成立「大埔七約」的村落聯盟。七約之中，包括泰亨（坑）約文氏、粉嶺約彭氏兩本地村落，以及遷界後成立的客家村落，例如樟樹灘約、林村約、翕和約、汀角約和集和約。這樣除可在地方武力上互相保護外，更有利於區內進行「資源」爭奪戰。

文氏以當年颶風[2]吹毀文屋村為由，希望重建該村，並打算建鋪招商，建立墟市。此舉觸動鄧氏，因如無法掌控墟市利益，便難以維持孝子祠香火。最終「孝」再次成為有力說辭，縣衙判予鄧氏勝訴。[3]

---

[2] 清代始有文獻以「颶風」來描述春季出現的短暫狂風，並以「颱風」來形容夏季較為持續的強風。

[3] 新安縣以大埔墟的創立，為供鄧孝子祠糧祀，鄧氏擔心文氏建立墟市後，將來彼興此衰，孝子祠的糧祀將無從支付，因此出示曉諭，並且勒石示禁。該石碑為光緒十八年（1892 年）5 月 14 日立，嵌於舊墟鄧孝子祠內右殿的石壁之上。

鄧氏持續壟斷地區商業利益，大感不滿的「大埔七約」，於光緒十八年（一八九二年）建立新墟市。這次新安縣派人巡視該地，認為鄧氏創建的舊墟與文氏想立墟市之地，中間被林村河（又稱觀音河）所隔，由於交通不便，無礙舊墟業務，所以准許新墟的創建，稱「太和市」。至於為何不稱「墟」而稱「市」呢？字義上，前者是指「墟場」，規模較大；後者指「街市」，規模較小，處理日常民生所需，「墟」「市」也避免混淆。

隨著太和市「降級」，為了便利交通，大埔七約於一八九六年建成廣福橋連接林村河對岸，掌握了交通主導權。如是者，太和市愈見繁盛，大埔墟愈見衰落，可謂「地緣」組織戰勝「血緣」組織，同時兩者維持交惡狀態。故此，一八九九年「新界六日戰爭」在大埔揭開戰幔時，大埔抗英村民都是來自大埔七約，大埔頭村鄧氏及龍躍頭鄧氏則拒絕參與。

「大埔墟」和「太和」的地理混淆

英人治下，太和市成功取代了大埔墟的地位。後來，一九一零年九廣鐵路（英段）通車，一九一三年建成的第一代大埔墟火車站（一九一零年十一月前為旗站[4]），便是在太和市附近，亦令其成為新界地區重要墟鎮[5]。然而，鄉村勢力敵不過城市發展，兩墟亦非大埔的商業中心。「太和市」的舊店鋪已然拆卸改建，演變成為富善街。如果讀者要考究的話，市內的文武二帝廟

---

[4] 初建時期，九廣鐵路英段本身為單線區間，所以在大埔墟設置旗站（號誌站），藉此便利列車調度。

[5] 現時，舊有店鋪均已拆卸改建，墟市已發展成為富善街。舊日店鋪只餘街口一間，原貌仍存。

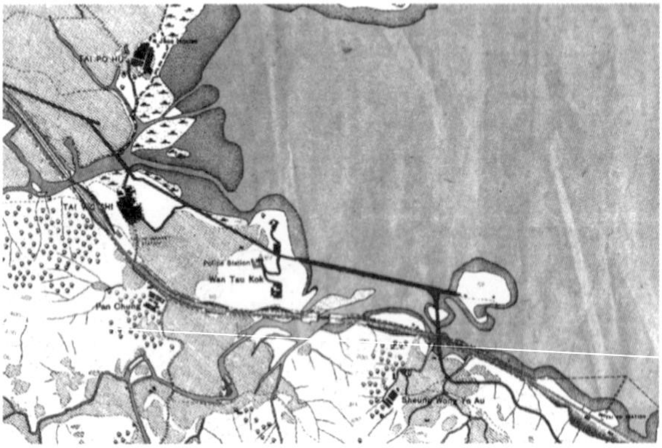

Kowloon and Part of New Territories, 1924

及水井仍然存在。至於大埔墟其後在城市發展中被淡忘，通稱為「舊墟」，區內「舊墟直街」及天后宮則保存至今。

不過，「大埔墟」站和「太和」站卻與舊時的地理位置頗有距離，甚至影響大眾對兩墟市的理解。「太和市」實與舊大埔墟站相鄰，其後火車電氣化，新市鎮發展，現時的大埔墟站已東移至當時的理民府附近，舊站成為了「香港鐵路博物館」。不過，即使「大埔墟」新站東移，距離上仍是較接近太和市。「大埔墟」（舊墟）則與今太和站較接近（步行距離約九分鐘），同在林村河北岸。

這種地理混淆，要「多謝」城市及鐵路規劃，改變了大眾與歷史地理的聯繫。當然，混淆問題，一百年前的人也會遇上。

消失的火車站——大埔滘站

說回一九一零年九廣鐵路通車時，大埔有兩個火車站，一個是「大埔站」，一個是「大埔墟站」。如果乘搭火車，看到「大埔」二字，以為到了墟鎮中心的話，哼哼，不好意思，要再走半個小時。「擺烏龍」並不可恥，但辛苦，於是改名為「大埔滘站」，以資識別。

為何會有大埔滘站呢？當然是為了交通便利。這站附近的元洲仔除了有前政務司官邸之外，

稱得上「滘」，其實就是與水相通的地方。坐火車到這裡，靠東月台，向大埔海（今稱吐露港）走便有碼頭，可以轉乘街渡，前往新界東北離島及西貢北，遠一些還可以到大陸的大鵬灣、鯊魚涌、迭福灣等地。隨著七十年代馬料水碼頭啟用，經大埔滘前往離島的旅客變得愈來愈少。到一九八三年火車電氣化，大埔滘站便被停用，最終於一九九零年拆卸。

然而，十八區行政分區上尚存這段歷史痕跡。由於大埔滘水路連接西貢北（北潭坳、黃石碼頭、海下灣、十四鄉、泥涌、塔門、東平洲等），所以上述地方，仍然隸屬於大埔區。

＊大埔現存法定古蹟共 8 個，包括：上碗窰樊仙宮、文武二帝廟、大埔碗窰村窰址、舊北區理民府、前政務司官邸、敬羅家塾、舊大埔墟火車站及舊大埔警署。

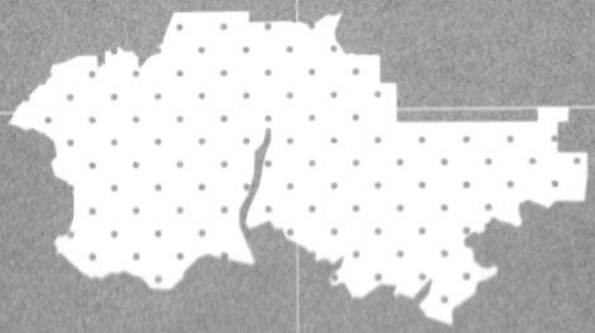

屯門區
TUEN MUN

你條褲鏈，Made in Tuen Mun

小時候的屯門印象

「叮！咻咻！」輕鐵在幼稚園前駛過，模糊的記憶中，輕鐵測試、開通，都是在自己唸幼稚園的快樂時光中發生。看著輕鐵緩緩地駛入、駛出，令人聯想起中秋節玩的塑膠燈籠，也有著「新穎」的輕鐵款式。還有那鮮橙色，落在車頭、落在座位、落在車票的記憶，也連繫了屯門和元朗。新界西北，總算有了鐵路系統。[1]

或許，部分讀者關於輕鐵的記憶，已經是電影《幻愛》的畫面。

從新墟說起

有了輕鐵之後，生活是否方便了呢？其實筆者感受並不深刻。如果母親帶著哥哥、姐姐和我出門到郊外購物，通常去的便是新墟、「紅橋」、蔡意橋和屯市（屯門市中心）。母親在新墟街市買菜，我們仨便在仁愛堂前的廣場玩，累了坐在涼亭或噴水池旁，就是快樂的時光。

[1] 輕鐵系統第一期於 1988 年 9 月 18 日通車；時稱輕便鐵路，英文 Light Rail Transit，簡稱 LRT。

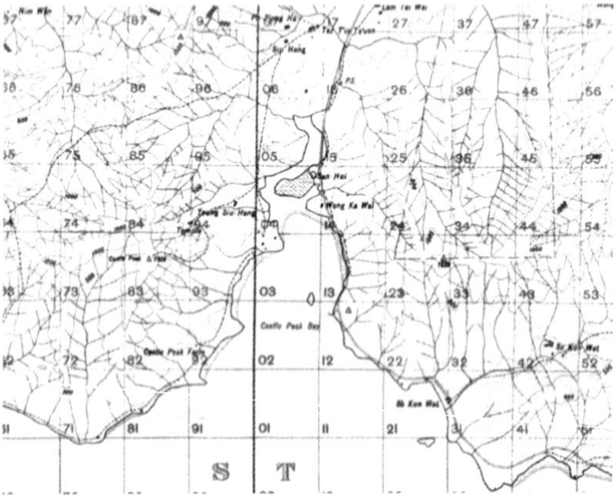

Map of Hong Kong, 1922(FO 925_25227)

說起屯門新墟，這是在一九零零年開始形成的墟市，位於屯門灣北端（右圖，一九二二年地圖），能連接水路（屯門河），加上鄰近青山公路元朗屯門段（於一九一四年通車），水陸便利，逐漸成為屯門最為重要的市集。三十年代，筆名「江山故人」的黃佩佳撰文描述過「屯門新墟」，他說到這裡是一小市集，房屋多為兩層高：「此中有橫街小巷，商店叢立，所業為布疋、雜貨、豬肉、菜蔬、海鮮、理髮、茶市、藥材等。」當中也提及尚存的福音堂（中華基督教會屯門堂）、拔臣學校[2]和仁愛醫所（仁愛堂）。不過，除了前兩者經歷搬遷，而搬遷在香港並不罕見，例如以新墟為名的「新墟村」，現址不再接近新墟。隨著八十年代新市鎮發展，「新墟村」遷往青山公路何福堂側現址。所以，屯門人說的「新墟」，大約為屯門新墟商業地帶，即育康街以南、杯渡路以北及屯門河以東，而不是新墟村。

屯門舊墟與后角天后廟

小時候開始明白「新舊」的概念，便會問父母：「我們去的是『新墟』，那麼『舊墟』在哪裡呢？」記憶中，兒時很少前往舊墟。相對於新墟，舊墟在南邊，父母說那是工廠區（工業區）附近，住在山景邨景安樓的我，便朝窗外工廠區 YKK 的方向望得出神，心想：「工廠區？舊墟？滿目是工廠大廈。」

---

[2] 創立於 1920 年，原為中華基督教會屯門福音堂之啟蒙館。1931 年建校正名為「拔臣學校」，1960 年新校遷至屯門青山公路新墟段 28 號，校名「中華基督教會拔臣小學」。

YKK 是什麼？就是吉田大廈（Yoshida Kogyo Kabushikigaisha，吉田工業株式會社的日文縮寫），是屯門工廠區內的著名工廈。如果讀者還不知 YKK 是什麼，請看一看自己褲、褸、手袋上的拉鏈，便會發現這個品牌與你如影隨形。

模糊的舊墟位置，最好還是用「后角天后廟」作地標定位。「后角」原稱「口角」，意思是入海之口，如角伸出，而廟宇背靠小丘，代表「有靠山」。廟內有一口鑄造於康熙三十六年（一六九七年）的銅鐘，記載了天后廟擴建的年份。廟內供奉天后，保佑漁民商販的平安，亦有財神和金花夫人等陪神，可祈求財富，保育子嗣，正反映了昔日平民的需要和願望。廟宇所在地曾經是對外的交通要衝，故形成了墟市，供漁民商販交易。而墟市與廟宇的建立，往往又與區內望族有關。

陶氏於元明之際由牛潭尾遷至屯門，建立「屯門大村」。他們務農以外，亦經營鹽業，故墟市形成與廟宇亦有相關連繫。如果讀者喜歡考察風俗儀式，陶氏的「點燈」（添丁）儀式多少為您帶來一些特別感受。族人會在「宗族祠」、「山上觀」和「海邊廟」點起及懸掛油燈碟，呈現了陶氏在屯門區的影響力及勢力範圍；而筆者所講的「海邊廟」指的就是「后角天后廟」。

青雲觀和「千年古剎」

「山上觀」是指屯門青山的「青雲觀」，在清初復界之後，屯門陶氏擁有青雲觀的業權，並於道光年間擴建，故此也是陶氏族人點燈儀式的其中一站。由於青山又與南朝劉宋年間，杯渡禪師乘大木杯南渡屯門青山的故事有所聯繫，所以後人為紀念此事，建有「杯渡庵」。普遍說法是，「杯渡庵」經歷數次易名：隋朝改建為「普渡道場」；唐朝改稱「雲林寺」；五代十國南漢時期的君主封青山為「瑞應山」，建有杯渡像在山上供奉；至北宋改為道場，逼僧易道，改為「斗姆宮」；及至元、明改稱「青雲觀」。由佛而道，可謂難得的有趣例子。

但筆者認為最精彩的一幕，莫過於身為道教先天道道長的香港商人陳春亭於一九一零年代初獲委任為青雲觀的司理後發生的事。為什麼呢？他在一九一零至一九二零年間先後向田土廳購入附近青山地段，用來興建青山寺（一九二零年竣工），同時重修附近的青雲觀。之後在一九二一年前往寧波觀宗寺出家，皈依佛門，得法號「顯奇」（確實人如其法號）[3]；返港之後，再聯同張純白居士（本名張森泉，法號「了幻」）買入另一地段。及後為「青山禪院」增建修築成為今日人們說的「千年古剎」。這個佛、道一家親，和諧並存，可謂「斜槓」（Slash）的典範（並無貶意，只反映當時民間信俗的有趣現象）。

雖然現時所見的青雲觀經多方重修後，沒有獲得歷史建築評級，但觀內壁上的「送田芳名

[3] 有說陳春亭於 1918 年出家，以青山寺那塊「了幻大師碑」為證 ，後查證此為胡謅，另見下註法庭資料。另見鄧家宙：〈陳春亭與青山史事新研〉，《香港史地 · 第一卷》（香港：香港史學會，2010 年），頁 21-42。

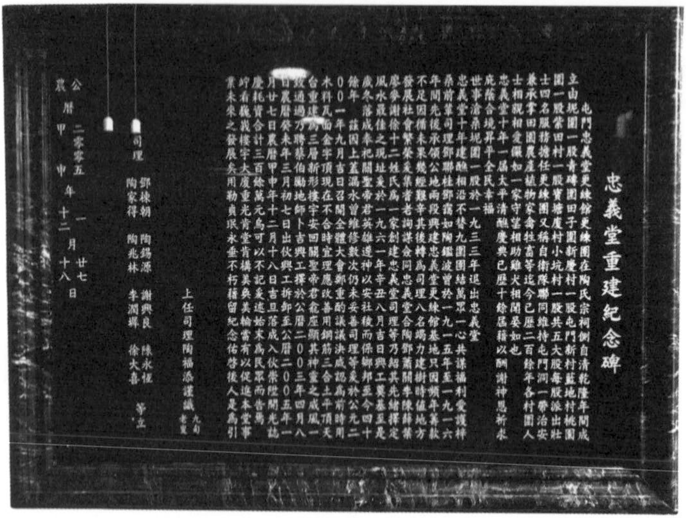

● 忠義堂重建紀念碑

[4] 該案結論部分指：「送田芳名碑、木製蓮牌、《瓜瓞綿長 點燈序》、點燈儀式和有關的免費齋菜，以及該『記賬簿』都足以證明陶氏在十九世紀中葉（即英國在一八九八年取得新界管治權之前）的確興建並擁有青雲觀。」

[5] 設立於清乾隆年間說法，是引自二零零五年〈忠義堂重建紀念碑〉，以及陶福添抄錄的〈忠義堂簡史〉（紀錄年份不詳）。亦有創立自清光緒年間說法，則引自民國五十年（一九六一年）〈屯門忠義堂紀念碑銘〉。

碑」（題於道光廿三年，一八四三年）可說是重要的歷史紀錄，證明了陶氏的田土範圍。隨著屯門新市鎮開發，政府收回土地興建房屋，陶氏就屯門土地的業權與政府產生爭端，因此展開訴訟，而上文提及的「點燈」儀式、送田芳命碑，便成為了證據，為陶氏取得換地收益[4]。

忠義在我方？：忠義堂與屯門

快到十八歲時，我家由山景邨搬遷至富泰邨，現在想起來，好像更接近屯門陶氏勢力核心（笑）。屯門有鄉約聯盟，稱為「忠義堂」，創立於乾隆間[5]，屬於屯門洞更練團。設立之初，分有五股：坭圍一股（一九三三年退出）；青磚圍、田子圍、新慶村一股；屯門新村、藍地村、桃園圍一股；紫田村一股；寶塘廈村、小坑村一股。「忠義堂」包括陶、鄧、蕭、關、李、陳、薛、葉、廖、麥、謝、徐十二氏族，目標是維持治安、承掌田園、農產、植物、家禽、牲畜等。在光緒年間〈忠義堂巡丁合合同〉（陶福添抄錄）[6]的巡丁條例中，可看到忠義堂辦理鄉村自衛組織的方式，以及承領組織巡丁的承頭人資格規定、村民對團練的財政義務，以及財物失竊時的賠償方式等（有保險意涵）。

光緒年間訂立的合同，涵蓋範圍主要是他們聚居的十一條村落及一個墟市（新墟），即屯門河旁狹長的平原地帶，多是「本地」村落。[7]雖有鄉約聯盟，但仍有我者他者之分。例如富泰

[6] 該合同於《屯門忠義堂建醮功德部》內。此書為屯門陶族父老陶福添先生所編纂，為手抄本，封面上書「屯門忠義堂建醮功德部陶福添」，收錄與忠義堂建醮有關的資料。

[7] 其中坭圍、青磚圍、屯子圍、藍地村和屯門新村為陶姓的宗族圍村。寶塘下為雜姓村，村民以徐姓為主。紫田村為新界大族鄧氏分支的宗族圍村。小坑為謝姓宗族圍村。《屯門忠義堂建醮功德部》中載：「田子圍有蕭姓人士，於一九一八年間遷居，建立一條新慶村，步其後塵者，藍地村有李陳薛三姓人士遷居，建立一條桃園圍。」

邨該地，原是虎地村，屬於「客家」原居民村，也是屏山鄧氏祖墳所在地。陶氏認為該村虎形山崗正對屯子圍（舊稱田子圍）和青磚圍、宗祠[8]，構成不利族人風水之局。於是，陶氏在宗祠側興建三聖宮（楊侯王、洪聖及財神），其中財神趙公明腳踏老虎，有著鎮壓老虎之意。風水之說往往盛載著族群、氏族、地區關係的表徵，也可見虎地、屏山鄧氏與當年陶氏並不和睦。

家族之間「鬥」的又豈止風水呢？《陶氏族譜》便記載了陶族與錦田鄧族「鬥有錢」的故事：「農業最盛時期，陶族與錦田鄧族預備比身家，陶族屯谷公（即陶族八世祖）以蔗糖五缸一棟，由屯門排至錦田，鄧族鄧連光，以白銀五元一同，由錦田排至屯門，此事係舊族相傳，成為佳話。」由此可見陶、鄧兩族當時的經濟實力。

但「有錢」伴隨而來的便是煩惱。隨著世代繁衍，樹大難免有枯枝。在現時日久失修的陶氏宗祠內，有立於乾隆五十二年（一七八七年）的「陶氏嘉儀祖嘗條規」碑記，記載了族中「無廉恥輩滿目……將境內田地，藉端踞耕，升斗不漏，租穀全抗」的情況，因而訂明「違規踞耕者」不僅會被「革胙出祠」，更會被「送官懲治」。

時代巨輪下，清官管不了，新界租借了。及至戰後衛星城市概念，使得屯門區的發展非宗族村落可左右。填海建邨後，屯門由原來的三角形海灣（於十九世紀末形成：北海口為新墟、西海口為舊墟，東海口為三聖墟），變成狹長的河道，新填海地建成了大批的公營房屋。說起來，新發邨也變成了今日的 V city。

[8] 陶氏宗祠坐落於屯子圍附近，於康熙戊戌年（一七一八年）建成，三進兩院式， 一九七一年基於某些原因而棄置，陶氏在附近另建祠堂代替。舊祠堂曾出租用作工廠；一九九一年起荒廢，如今結構破落，部分瓦頂倒塌，古諮會確認祠堂為一級歷史建築。

● 陶氏三聖宮

＊小知識
屯門首座公共屋邨「青山邨」於一九七一年入伙，後改名「新發邨」。一九七三年麥理浩的「十年建屋計劃」目標將衛星城市發展成新市鎮，由元朗分拆的「青山」區更名為「屯門」區，並成為該新市鎮地區的名稱。屯門為地區古名，意指「屯兵之門」，早在唐代就設有屯門軍鎮。

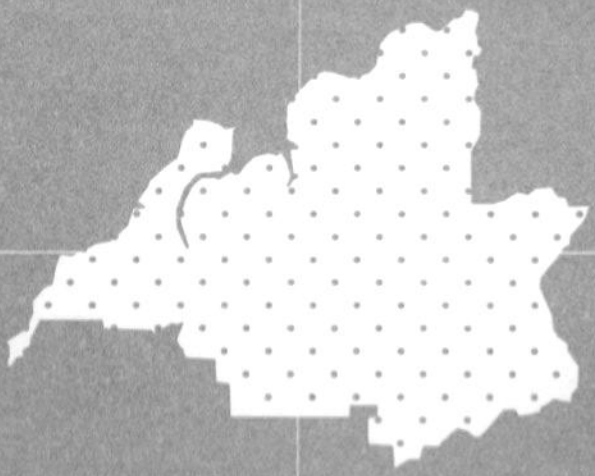

元朗區
YUEN LONG

佢直入元朗，勇武過疊羅漢

從「反英」說起

說到元朗，大家可能會聯想到這裡的鄉民很「勇武」。「勇武」的形象，或多或少來自新聞的一些描述和畫面，舉凡鄉眾「為保家園」，便手持木棍，整裝待發。又例如那些年，某官員自詡「好打得」，較為激進的鄉民聲言先祖「反英抗暴」（新界六日戰爭），對任何事都毫不畏懼。唔，好像愈說愈遠……

說回歷史，元朗、大埔曾是新界六日戰爭的戰場，而說到「勇武」的指揮中心，就離不開元朗屏山的達德公所（鄰近天水圍站）。一八九九年三月二十八日，鄉民在屏山張貼的〈抗英揭帖〉更是值得一看：

> 吾等痛恨英夷，彼等即將入我界內，奪我土地，貽患無窮。大難臨頭，吾等夙夜匪安。民眾對此定為不滿，決心抗拒此等夷人。然武器不精，決不能抗敵。是以吾人選定練兵場，集合全體愛國志士，荷槍實彈演習。優勝者有獎，以資鼓勵。一以襄助政府，一以防患於未然。願我全體親友持械前往操練場，竭盡所能，消滅賣國賊。祖宗有靈，幸甚，鄉鄰幸甚。是所至望。田練於每日舉行。
>
> 一等獎獎給棉上衣一件，千枚爆竹一封。
>
> 二等獎獎給棕色棉褲一條，五百枚爆竹一封。

三等獎獎給草帽一頂。

陰曆二月十七日

留意，獎品大小並不要緊，最緊要的是那顆熱血「愛國心」，但物轉星移，屏山達德公所這個指揮中心也漸漸為人所淡忘。

或許，讀者有感元朗隨著近年有不少新樓盤、新商場落成，已經有著翻天覆地的改變，並展現對新時代的美好願景。但元朗地方大、圍村多、鄉民多，仍是不爭事實。

古戰場——吉慶圍

簡說一下，當年鄉民雖然勇武抗英，不過他們最後敗退至吉慶圍，英軍接至，炮轟圍牆，搜捕抗英餘部，並將吉慶圍鐵門拆走運返英國。要認識這段悲壯的歷史，今日我們仍然可以到之「弔古戰場」（請付入「圍」費）。

圍牆呢？有，只是沒有了護城河。當年的河道十餘米，居民須在正門以吊橋連接才能出入，遇有盜賊攻擊，則在圍內收起吊橋，便可封城自保。

鐵門呢？有，一九二四年，其時區內首富鄧伯裘向港督司徒拔（Sir Reginald Edward Stubbs）重提舊事，請求歸還鐵門，翌年鐵門自英國運回、重置，並由港督主持儀式。

至一四八七年）所建造。初時，村落本無圍牆保護，直至清朝康熙年間，鄧朱彥和鄧直見為了防範盜賊，於是在村的四周增建圍牆、圍斗和護城河。（這也是「圍村」與「圍屋」的差別，前者是先有村，後建圍牆，後者則相反。）

舊屋呢？少，現在都改建成三層高的村屋了；不過，吉慶圍神廳、圍門、四面的炮樓、城牆，都還保留傳統的民居建築模樣。

如果讀者很喜歡「圍」的建築，永隆圍、泰康圍、北圍、南圍和泥圍，也許適合你。

話說回來，這圍村是在成化年間建立，距今超過五百年歷史，以三十年為一代計算，都已經是十八代以前的事（整個鄧氏家族不止於此）。有關宗族的世代繁衍，還是簡說一下祠堂的好了。

古代祠堂的理念——從清樂鄧公祠、廣瑜鄧公祠說

新界鄧氏祖籍江西吉水，在新界五大氏族之中，是入遷最早，人口最多，土地最廣的氏族。自入遷廣東的一代，「第一世入粵祖」鄧漢黻開始計算，「第四代」鄧符協於北宋初遷入元朗錦田，後代分至五房，其中兩房今日仍居新界：「元亮」一房續居錦田，「元禎」一房聚居屏山。然後，「元亮」一房的分支散佈在元朗的廈村、輞井、屯門的紫田村、粉嶺的龍躍頭、沙頭角的萊洞及大埔的大埔頭一帶；除了成為新界鄧氏主要一支，更有娶得南宋皇姑趙氏的口述傳說「加

持」。（「稅院家聲」典故來自「稅院郡馬」[1]，為宋光宗追贈娶了皇姑的鄧惟汲。）

族大就有「分支」，家族在分房之後，又會有分房後的祠堂。

祠堂除了讓族人紀念先祖，也是多功能的交往場所：作議事廳、法庭、喜事設宴、男丁登記，甚至是學堂等。祠堂在規格形制上也有不同，錦田正好祠堂多，可以選擇一兩個例子作比較：

甲、清樂鄧公祠（又名思成堂），在明代興建，為「三進兩院」建築。

乙、廣瑜鄧公祠（又名來成堂），建於清朝康熙四十年（一七零一年），是鄧像六（又名直見）為紀念先祖鄧廣瑜（又名松峯）而建，為「兩進一院」建築。

「三進」、「兩進」又是什麼呢？

所謂三進兩院，即宗祠由前至後分為三個大廳，中間以兩個庭院（天井位）相連。「第一進」稱為前廳，用作擺放雜物；「第二進」稱為中廳，是族人議事和舉行活動的地點；「第三進」稱為正廳，附有偏房，是供奉祖先及神祇的地方。

至於兩進一院，即宗祠由前至後僅有兩個大廳，中間以一庭院相連，後廳是供奉祖先及神祇的地方。

藉此說一下，祠堂的大小實質與宗族的功名掛勾。祠堂用作商議地方政事，會有大量族中子弟聚集，便成為宗族中心，如族長在此宣讀康熙皇帝的《聖諭廣訓》，要族人緊記「忠君愛國」。概念就是：有族人取得功名，而功名由朝廷認可，取得功名者肩負國家使命，要維繫宗族，使族

---

[1] 宋高宗之女趙氏在金兵入侵江南期間失散，年僅八歲。鄧元亮將其收養、撫育成人，並許配予其子鄧自明（號惟汲）。後來宋光宗即位，得知真相後大為感動，封趙氏為皇姑，並追贈鄧自明為「稅院郡馬」。

概念就是：有族人取得功名，而功名由朝廷認可，取得功名者肩負國家使命，要維繫宗族，使族人支持國家。即使「山高皇帝遠」，但只要地方與國家有聯繫，便有助維持鄉鎮穩定。當然，取得功名者在地方也取得優勢，例如建立墟市[2]，宗祠。因此，功名除具有實利之外，受認可的宗祠更有助於宗族繼續壯大，成為朝廷維持地方穩定的重要勢力。

祠堂不是人人可以興建的，假使地方宗族沒有功名，即是意味宗族與朝廷關係「疏離」（甚至是「無關係」）。而「祠堂」這類慎終追遠的建築使族人子弟聚首一堂，如果沒有朝廷的「認可」和監督，則難以確認宗族是否支持朝廷（勾結……勢力）。

此之所以，若想宗祠愈來愈大，就需要族人努力讀書，考取功名。明清時期的宗族如果沒有功名，則會建置書室（書塾），一則扮演著「祠堂」的功能，二則成為重視功名的起點。

不過如鄧族名望之高，同樣有建置書室，例如錦田力榮堂書室，是一間俗稱為「大書房」的書塾，由長房鄧欽的後裔所建。辦學的目的，自然是培養族中子弟取士。如正廳有學士鄧光斗所書的「齒惠兼修」[3]牌匾（道光十五年，一八三五年），寓意子弟修養和品德俱佳，人格優越。

---

[2] 元朗舊墟（大橋墩墟），於一六六九年由錦田鄧文蔚獲封地設墟。後來將大橋墩墟遷至西邊圍與南邊圍之間，今稱元朗舊墟。鄧文蔚於順治十四年（一六五七年）中舉；康熙廿四年（一六八五年）乙丑科陸肯堂榜第三甲進士。

[3] 取自古籍《孟子》：「孟子曰：『天下有達尊三，爵一、齒一、德一。』」「齒」字為年齡，亦即是壽；「惠」字為德行。

也文也武——錦田長春園

在祠堂之內，有不少牌匾高掛，文的有「恩科」、「會試」功名，武的有「副魁」、「武魁」等名銜。「也文也武」（文也好，武也善）的好處，當然是有助於宗族在當地的發展，至少有最原始的武力抗衡敵對者……

說到這裡，錦田長春園（又名「留耕堂」）是整個錦田古蹟群之中唯一訓練武科人材的學堂，大約建於一八六零年代，至今已經有過百年歷史。如果讀者想試練一下身手，園內仍有三柄昔日練武用的大關刀（分別重 65 斤、85 斤及 112 斤）、練武石及石鎖。強身練武由此「起」，筆者是指拿得起的「起」……

好了，拿得起，了不起，不妨參看一下清代武科舉考的項目：

第一場：先試馬步射，馬射二回六矢，中三為合。步射九矢，中五為合。

第二場：比拼力氣，包括拉硬弓、舞刀、舉石（過膝）。每項如下：

弓分八力（47.7kg）、十力（59.7kg）、十二力（71.6kg）[4]；

刀分八十斤（47.7kg）、一百斤（59.7kg）、百二斤（71.6kg）；

石分二百斤（119.4kg）、二百五十斤（149.2kg）、三百斤（179.0kg）。

[4] 1 力等於 10 斤，清代 1 斤約 597 克，1 力約 6 公斤。

長春園

如果讀者自我感覺「良好」，認為能夠順利「通關」，恭喜您，但接下來還有考寫……第三場：清初是考策論（還算考腦力）；後期考默寫《武經七書》[5]，以不錯漏及端正為標準（即是「背多分」……）。

無論如何，古今的考試，都是要吃得苦。

勇武的限制——屏山警署、凹頭警署

說回新界六日戰爭，鄉民反英人行動以失敗告終。其後，港府在新界的凹頭（音：坳頭）、屏山和大埔運頭角設立警署。這些警署的特點，就是都位於一些高地山丘，其目的說得好聽是管理治安，實質就是監視新界鄉民的舉動。其中，凹頭、屏山兩所警署今日仍在元朗區內：

凹頭警署（建於一九零零年），座落於在八鄉和十八鄉村落交匯的山丘，屬古時錦田和元朗的分界線，故此極具戰略意義。可惜，在戰時被日軍破壞。原址其後在一九四六年改建為元朗公立中學，一九八九年遷校，今該處為東華三院馬振玉紀念中學。

屏山警署（建於一八九九年），座落於青山和深灣之間的山丘。警署的屋頂設有瞭望台，為警察在新界西北區的要塞。但自從一九六五年新的元朗警署在市區落成，屏山警署便被停用，至二零零七年活化為「屏山鄧族文物館」，成為屏山文物徑的訪客中心。

[5] 《孫子兵法》、《吳子兵法》、《六韜》、《司馬法》、《三略》、《尉繚子》及《李衛公問對》。

正所謂「讀萬卷書，不如行萬里路」，大家可以從以下的步行距離得到一些啟發：如果今日由「舊屏山警署」步行至元朗站，大概需要 38 分鐘（不用 40 分鐘），在天水圍站出發就更近，只需 15 分鐘，而「凹頭警署」則距離元朗站大概 22 分鐘。

從這些警署的距離遠近和分佈（元朗很大，屏山靠西，而凹頭靠東），或許能讓讀者想像到當年港府如何應對鄉民的舉動。假設遇上勇武鄉民突然集結，按理位處高地的警署也能快速處理（有瞭望台），動員控制或平息事件。作為居民，自然就「安心」得多。（應該是，除非不是。）

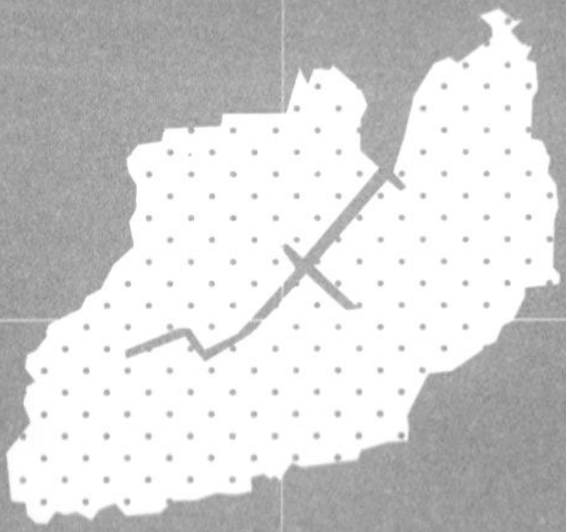

沙田區
SHA TIN

你知道你拜緊的車公是誰嗎？

永遠分不清的地方：禾輋、瀝源

有人說禾輋、瀝源是兩個分不清的地方。我想一想，只不過是兩個相鄰的公共屋邨，有何分不清？然後，指說瀝源靠山那邊也叫禾輋。

或者，先打開地圖，解決禾輋的問題（後頁，一九零九年地圖（局部））。圖中可見兩個關於禾輋的地名：上禾輋（Sheung-wo-che）、下禾輋（Ha-wo-che）。其實今日位置基本上沒有改變，只是城門河變窄，向淺灘填出的新土地，就是今日禾輋邨及瀝源邨的位置。

說起禾輋，「輋」字並不常見（如非沙田友），有說這是廣東俗字，本字為「畬」，屬於古代傜族分支[1]，而禾輋之名有說為傾斜的禾田[2]。

至於瀝源[3]，本來是沙田的舊稱，意指清水之源。昔日城門河上游所流下的水非常清澈，故村民在河的兩岸建村，以瀝源作為鄉名，又稱「瀝源堡」或「瀝源洞」[4]，為一個大鄉的意思，並有「九約」的村落同盟。

---

[1] 輋民，主要分佈於閩、浙、粵地，以刀耕火種為業，所耕的梯田稱之為輋田，故此以輋命名的地方，如香輋、大輋、禾輋，有說是古代先民的聚居地「輋村」。

[2] 上、下禾輋均為雜姓村落，上禾輋有藍、陳、黃及張氏，以藍氏歷史最久。下禾輋有陳、張及梁氏。

[3] 另有一說，古稱「棘園」，為一塊荊棘遍野之地。

[4] 古越蠻居處大多以「洞」為名。例如 ：粉嶺丹竹坑的萊洞（舊稱黎洞）、下萊洞，十四鄉的大洞、大洞禾寮、上水的古洞，船灣畔的沙螺洞（亦稱沙羅洞）、洞梓，西貢深涌的南北洞（亦作牛湖塘）。

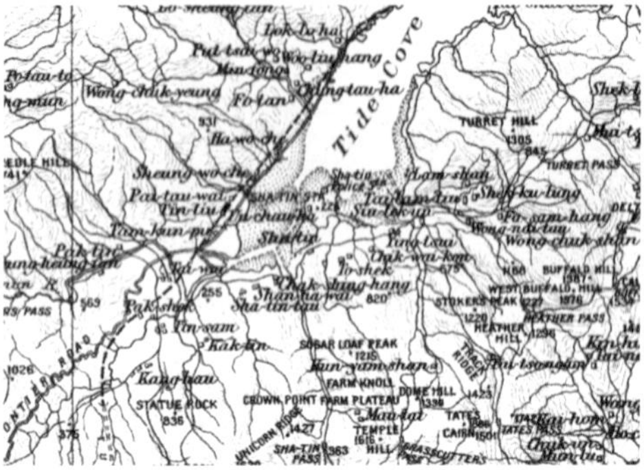

● *Map of Hong Kong : and of the territory leased to Great Britain under the convention between Great Britain and China signed at Peking on the 9th of June 1898*, London : War Office, 1909.

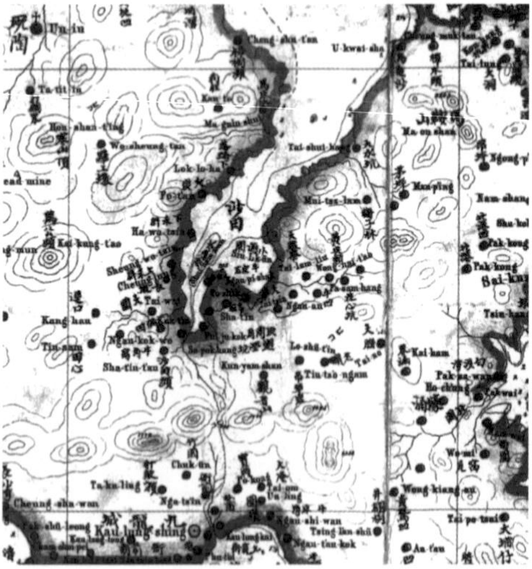

● 新安縣全圖（San On map of Mgr. Volonteri, 1866），該圖為意大利神父西米安·獲朗他尼（Simeone Volonteri，又稱「和神父」）所繪製。

後來瀝源改稱沙田，其實亦因其地貌特點。瀝源地接海濱，所以當海潮低退時，便會出現沙灘，而沙泥經年月沖積，便逐漸成為可耕作田地。以此為名的村落則有「沙田圍」及「沙田頭」。「沙田」一名早被地圖記載，例如一八六六年新安縣全圖（局部，右頁下圖）除了有「沙田」之名，也可見有路徑（見虛線）由九龍連接沙田。故此，當年沙田已替代瀝源之名，作地區稱呼。

不過，現時最常聽聞的說法，是在租借新界時，英人派員勘察及接收新界各地，由九龍越山至「沙田圍」向村民查問地名，期間誤把整個「瀝源」當作「沙田」並沿用至今。然而，這種說法顯然在時序上有誤，而且一八九八年香港地圖（後頁，局部，沙田九約 KAU YEUK）亦是以一八六六年的新安縣全圖為藍本。反之，如果說一八六六年才是「誤會」，似乎還較為合理。

不過有說法就應有因由，翻查一九六七年二月二十二日《華僑日報》〈命名瀝源道〉的報導，耆老指出在六十年前，沙田統稱為「瀝源九約」，因政府官員調查丈量時，駐宿沙田圍（沙田墟對岸），故以沙田為名。除了有「瀝源道」外，其後於一九七三年發展沙田新市鎮時，港府亦將第一條公共屋邨命名為瀝源邨，紀念這段歷史。

故此，瀝源、禾輋之名移至淺灘新填土地之上的屋邨，隨年月建構起沙田人的地域概念。

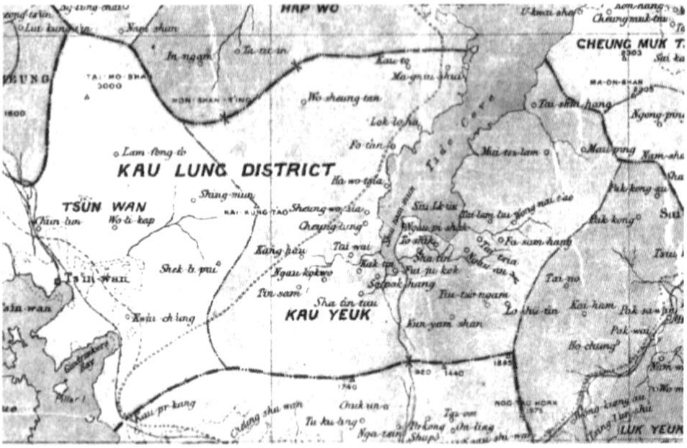

● 局部，沙田九約 *KAU YEUK，MAP OF THE HONG KONG AND OF THE TERRITORIES LEASED TO GREAT BRITAIN UNDER THE CONVENTION BETWEEN GREAT BRITAIN AND CHINA SIGNED AT PEKING ON THE 9TH OF JUNE*, 1898, Based on the 1866 map of Sun On District.

沙田啣接獅山隧道新路

命名瀝源道

耆老講歷史・在六十年前
沙田稱瀝源・鄉公所通過

（特訊），接獅子山隧道之沙田新公路工程，即將完成，有關該路之命名，當局昨特徵詢地方人士意見。沙田鄉公所於昨午常務會議時提出，一致通過以「瀝源道」命名。據耆老黃兆玲稱：沙田舊屬村，在六十年前，統稱「瀝源九約」，即今之大圍村，亦名「瀝源大圍」，各村民前往九龍或大埔、沙頭角等地時，村民自稱或各地商民對村民亦多稱呼「瀝源人」，迄至九龍鐵路築成通車（五十八年前）及當時政府官員調查沙田土時，在現今之沙田園（沙田墟對岸）駐宿，後並在今址設立火車分站時，因以沙田爲名，瀝源之名亦由此逐漸爲沙田取而代之，以迄至今，瀝源之名亦幾已遺忘。

● 〈命名瀝源道〉，《華僑日報》，1967-02-22

在沙田車公廟拜的車公，其實是車公的孫？

無論是瀝源大圍，還是沙田大圍，總之大圍有間車公廟。主祀車公的廟宇在香港不多，另一間在西貢蠔涌。兩者比較之下，當然是沙田的車大元帥（車公）像宏大得多。（提一提，現時大家參拜的車公廟是一九九四年改建的，從車公像後的窗花可以看到原來的古廟。）但比歷史悠久，蠔涌車公廟比沙田車公廟古舊。不過，雖說建於明末（見下文版本一），但沙田車公名氣之大，早在嘉慶年間《新安縣志》已記入志冊。及至近年最為著名的是「車公靈籤」，每逢年初二是車公誕[5]，鄉紳官員會為香港及沙田求籤，而籤文頗符合社會氣氛及帶有警世意義。在靈籤之外，也順道交代一下車公（或車公的孫）來到沙田的背景，而以下是坊間不同說法：

版本一：相傳在明末崇禎年間，新界疫症波及瀝源（沙田）。於是鄉民研究史書及縣志，發現宋朝的車大元帥，不但平賊有功，其所到之地的疫症也立即停止。於是，得悉西貢蠔涌有供奉車公，鄉民便請求當地父老借出車公，但蠔涌村民反對，只願借出車公孫兒的神像。鄉民帶同神像到沙田各鄉巡遊，藉此消災解難，並得神效。為感車公神恩，於是建造廟供奉。故此，根據這個說法，擁有神效的當為車公之孫，居民感恩戴德、供奉祀祭的對象，亦應為車公之孫。

版本二：田心村建村時，堪輿家發現村前有三支河流交匯，且背後北枕青山，風水極佳，宜於水口建廟坐鎮，日後當丁財兩旺。村民因之踴躍捐獻，在該處建廟奉祀車公。後來瀝源發生

[5] 現時，善信多於農曆正月初三拜祭車公（原為農曆正月初二，因初三「赤口」，不宜拜年，故改於初三拜車公）。部分善信亦會於農曆三月廿七日、六月六日或八月十六日到廟祭祀。

沙田青龍水上樂園昨正式開幕

新市縣娛樂設施仍未足

供地私人興建有助解決

水務署長主剪綵・張人龍提出建議

（特訊）沙田大圍火車站毗鄰的青龍水上樂園昨日正式開幕，水務署署長潘連生主持剪綵及金龍點睛儀式。

昨日開幕的青龍水上樂園第二期工程，面積十一萬平方呎，水上設施全部由加拿大引進。其中旋風捲筒滑梯，為東南亞首設，高六十餘呎，長三百多呎。其他亦有多款滑梯，如急流旅程，巨人滑梯，迷你三級跳等，均是具刺激性新玩意。

該水上樂園董事局主席張人龍指出：沙田區發展迅速，但娛樂設施始終未能滿足市民的需求。目前政府，區域市政局及區議會已盡力為新市鎮居民提供各類型文娛康樂設施，不過基於政府在運用資源上有先後緩急的局限性，故在短期內是無可能完全依賴政府撥款來提供這些設施的。故此由政府提供地方予私人發展商興建較大型的遊樂場，似乎是其中一個可行的解決辦法。此舉可減輕政府資源的壓力，又可使廣大新市鎮居民更快獲得足夠的遊樂設施。

另外，區域市政總署署長麥國航指出：現時在區域市政總署的轄區之內，已有五至六個地區會在原有泳池或新建泳池中建設遊戲設施；但規模將遠不及青龍水上樂園。而荃灣及西貢已在計劃中。

青龍水上樂園有一定水質標準，並有專人處理及監察場內的安全工作。至於第一期的機動遊戲機械，亦定期由工程人員檢查。水上樂園入場費是成人三十五元，小童二十元，開放時間每日上午八時至晚上十一時。（蓉）

●〈沙田青龍水上樂園昨正式開幕〉，《華僑日報》，1987 年 8 月 18 日報導。

瘟疫，村民驚惶失措，便抬著車公神像遍遊各鄉驅疫，果有神效，瘟疫止息。故此，每隔十年也有太平清醮，醮謝神恩。

其實當年村民翻查何經何志，今日已無從稽考；而沙田車公廟拜的是車公本人還是車公的孫，鄉民之間也偶有爭議。但是，瀝源因神祇顯靈解除瘟疫的故事廣泛流傳，車公已成為具代表性的香港守護神。由除瘟，繼而發展出由疫（逆）境轉順境的概念；再將車公轉運之說，應用在周邊吉祥物品，例如以前廟祝與攤檔小販自製風車轉風乘涼，戲言能有轉運之效；及至廟內置有銅風車供善信轉運，「運轉乾坤」成為民間風俗文化。

轉運，祈求美滿幸福，這種想法古今亦然。

幸福摩天輪

二零零一年，筆者唸預科的時候，班際比賽中全班同學合唱著一首歌。

天荒地老流連在摩天輪
在高處凝望世界流動
失落之處仍然會笑著哭
人間的跌盪 默默迎送

當生命似流連在摩天輪
幸福處隨時吻到星空
驚慄之處仍能與你互擁
彷彿遊戲之中 忘掉輕重

——陳奕迅《幸福摩天輪》

說起來很老套，但 MV 拍攝場景，就是大圍歡樂城。年輕的讀者可能會問：大圍哪來樂園？然後，數著手指，只數得出迪士尼、海洋公園……

少年你太年輕了。筆者說的是香港三大主題樂園：荔園、海洋公園和青龍水上樂園。當然，知道有的朋友，還是很年輕的（至少心境年輕）。

歡樂城前身是青龍水上樂園，於一九八七年啟用（前頁〈沙田青龍水上樂園昨正式開幕〉），最大的地標就是「摩天巨輪」，高 350 英呎，是當年全香港最大型的摩天輪。遊客乘坐摩天巨輪，可居高臨下，飽覽大圍美景。園內有海盜船、滑水梯、碰碰車、日式「魚樂台」及旋轉木馬等。即使在現在說來，也算是不錯。

但是，為什麼之後改名做歡樂城呢？這是因青龍水上樂園出現收支失衡，入不敷支。由於入場費用全免，盈利主要來自個別收費的遊樂設施（某主題公園切勿模仿），故此盈利不多，虧蝕嚴重。於是在一九九一年被賓廊集團收購後，便改名為「歡樂城」了。

有待提高，相信要通一段時間才對入口消費品有較大的需求。

李季恆還指出，中國市場是本港不少

提高，消費能力增強。另方面，香港廠家在內地推廣自己牌子的產品，令內地消費者增加對本港手表的

值上均同步增長，使港商有理想的邊際利潤。中國是一個值得注視及甚具潛力的市場。

青龍水上樂園地皮 港府擬收作商住用

連同鄰近巴士站地價值超七億五

【本報訊】港府一名官員昨日證實有意收回沙田大圍青龍水上樂園地皮作商住用途，並且研究推出市場拍賣。

地產界人士估計，港府會將水上樂園地皮連同毗鄰巴士站地皮一併公開拍賣，使之發展類似新城市廣場的綜合性物業。以上述地皮面積合共三十萬方呎計，市值會高七億五千萬以上，堪稱為沙田地王。

消息稱，青龍水上樂園的租期在今年三月到期，有關續期的商討已與港府方面展開商討，惟迄今未有結果，其中一個原因是港府有意收回該地皮作商住用途。

青龍水上樂園地皮面積二十萬方呎，而毗鄰的巴士總站地皮面積，預計亦達到十萬方呎，若然兩地皮合併作商住發展，保守估計地皮價值超七億五千萬以上。

一位地產界人士表示，若港府最終決定收回青龍水上樂園地皮，與毗鄰的巴士總站地皮一併公開拍賣的機會很大，以發展一個類似沙田新城市廣場的綜合性物業，地下為巴士站、而上蓋則有商場及住宅物業。

他說，該地皮接近大圍車站，地理得天獨厚，日後落成的物業可以直接與大圍車站相通，因此，以目前大圍以至沙田市中心都缺乏大型商住用地發展，一旦水上樂園及毗鄰巴士總站地皮推出拍賣，必定吸引地產商爭相出價競投，而該地皮甚至可以沙田地王視之。

不過，目前經營中的水上樂園，對於港府收回地皮發展，必定會據理力爭，原因投資水上樂園的金額達到三千萬元，惟至今仍未達到滿意的收益。

故此，可能向港府提出索償。

青龍水上樂園的主要股東包括中華造船（持百分之三十三點三股權）、其次為張人龍（持百分之三十股權）、永安集團（持百分之十五股權）及加拿大資本（持百分之十五股權），其餘股權由獨立投資者持有。

港商遷移內地設廠 有助雙方各展所長

王英偉謂兩地合作可加強對外競爭

【本報訊】工業署顧問署長王英偉昨日在一個公開場合表示，港商將部分生產工序撤往內地生產，是有助提高港貨在海外市場的競爭力，而中港雙方更可以發揮各自的優點。

王英偉指出，中國與香港雙方的合作，可說是各展所長，香港因擁有人才及先進的技術，以及專業的管理知識，在這方

紐幣昨表現突出 加元亦不遑多讓

馬克微揚報五一二三

【本報訊】美元續跌，此間存款外幣行情昨日再向上。

收市時，英鎊的賣出價報十五．一五，升○．○四，息降十六分一厘。日本圓升八．○五，升為五八三．八五。德國馬克升○．九，升為五二三．一五。

加拿大元上升二．○五，升為六七四．五五。澳洲元升○．六五，升為六○三．八，息降十六分一厘。新西蘭元升三○，升為四六二．二五，息降十六分一厘。歐洲貨幣單位上升一．三，報一○七三．二五，息升八分一厘。

瑞士法郎升一．三，升為六一五．六，息降十六分一厘。法國法郎升○．五五，報一五四．六收市，息降十六分一厘。瑞典克朗升○．七，升為一三九．七，息升八分一厘。美元存款價昨下跌○．二，跌為七七九．九，息降十六分三厘。

[illegible]業大廈 內部轉讓

土地資料顯示，希慎大廈，以六億元作內於希慎道一號。

二日，FLYLUND LT，出售樂利奈街十A INV LTD。

●〈青龍水上樂園地皮 港府擬收作商住用〉，《大公報》，1991年1月1日報導。

歡樂城保留機動遊戲設施，但一改經營策略，將部分面積，轉為餐飲設施，藉此吸引顧客，增加收入。園內設有中式酒樓、全港最大的燒烤場地及釣蝦池。遊人一享釣蝦之樂後，又可將蝦穫交給酒樓或燒烤場加工。

最後，歡樂城變成今日的大圍站。一九九七年七月發生亞洲金融風暴，香港經濟欠佳，歡樂城顧客不斷減少，業績每況愈下，僅僅能維持收支平衡。樂園主要客戶群為大圍、沙田的居民，但未能吸引國際旅客，成為旅遊觀光熱點；另外，坊間早有收回土地之議，認為該地段改為商住用地更符合社會利益。最終，九廣鐵路（現港鐵）從大圍站向東延展，興建馬鞍山線（現屯馬線），歡樂城在二零零一年一月二十二日結業關閉，步進歷史。想緬懷的話，就要打開手機，在昔日的電視廣告、電影、電視劇、MV中一看這段「幸福」、「歡樂」光景。

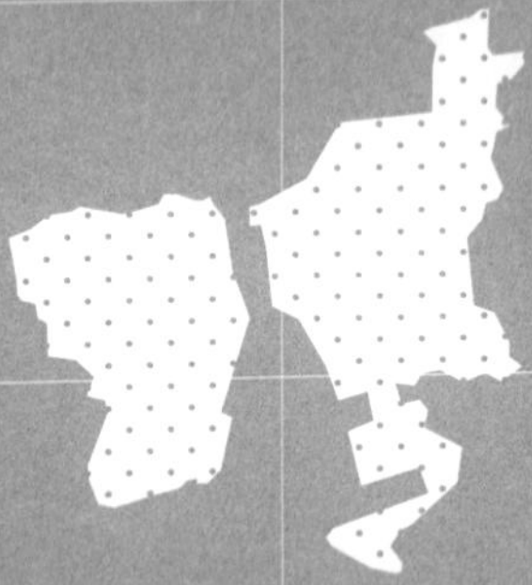

葵青區
NEW TERRITORIES

潛入和宜合道分不清四周

永遠分不清的地方

說到葵青區，其實筆者覺得沒什麼可以寫，不過編輯妹妹說這區有很多分不清的地方，例如：葵涌、葵興、葵芳、石籬、石蔭、梨木樹等等。於是，便從年輕人的角度出發，帶大家了解一下地域概念模糊的因由。

下葵涌的概念？

首先荃灣、葵涌、青衣在戰後到一九八五年都同屬於荃灣區，所以區內初期的新市鎮發展，都是以荃灣作為核心地帶，葵涌、青衣則被視為周邊地區。如果讀者喜歡蒐集古籍，還是能找到關於這區的一些地名記述，例如清代嘉慶年間王崇熙所編的《新安縣志・都里》中，就記載了「官富司管轄村莊」有「葵涌子」（葵涌）、「淺灣」（荃灣）、「青衣」及「長沙灣」等村落。

不過地名不一定自古有之，如「葵興」、「葵芳」就是在城市發展時才出現。兩者原本的地名是「醉酒灣」（又稱「醉翁灣」），又或者叫「下葵涌」。說到醉酒灣，讀者應會想到醉酒灣防線（Gin Drinkers Line），即由醉酒灣至新界東部西貢區牛尾海的防線（三十年代因應不斷惡化的國際局勢特意修築）。對，就是一九四一年日軍僅用兩天就突破了的防線，至於戰爭詳情……在此，筆者不多說。撇除軍方防禦功能不說，早年的地圖把醉酒灣標示為「垃圾灣」，全因那裡荒蕪，而在十九世紀末，本港的垃圾經承辦商用木船載運到海上傾倒，其中一個傾倒海灣就是這裡。到了一九五五年，政府在官塘灣（今觀塘）填海，有意將其發展成工業區。原定官塘的垃圾灣要應付的垃圾，便轉移去到醉酒灣及青洲之間，所以又再改稱「垃圾灣」（Lap Sap Wan）。

說到這裡，讀者不難猜到「垃圾灣」也會有所發展。一九六七年，醉酒灣堆填區興建兩個公共屋邨，如果某某說某地「心曠神怡」，其實也是有跡可循，因為新地名以「芬芳吐豔」作為主題。當時地理上取葵涌的「葵」字，配上「芬」、「芳」，便是「葵芬」、「葵芳」。不過，當年公眾打開報紙，便覺得「葵芬」不妥當，是因「芬」諧音「分」，寓意「分離」，非常不吉利，所以政府順應民意，改名為「葵興」，寓意「葵涌興盛」。有了「葵興邨」和「葵芳邨」，其後鐵路站也以此為名，再而建構成現時以「葵興」、「葵芳」為核心的鐵路地帶。

現時「葵興」是葵涌的行政中心，葵興政府合署也是葵青區議會的所在地；而「葵芳」一帶則有大、中型商場，也有運動場、文娛藝術設施如葵青劇院等。

大體而言，這些靠海的地方便是「下葵涌」。

● 〈官塘垃圾池 改設在醉翁灣了 使用垃圾填海不許闖入檢拾廢物〉，《華僑日報》，1955 年 10 月 27 日。

上葵涌的概念？

「下葵涌」是海灣那邊，相對地靠山那邊便是「上葵涌」。

在六十年代荃灣新市鎮開發之前，附近有梨木樹村、上葵涌村、大白田村、打磚坪村等鄉村村落。這些村落在城市發展下被迫搬遷，移至同區的西部地帶。這些地名仍保留在街道名或公共屋邨的名稱中，例如石梨邨（今稱石籬邨）[1]、石蔭邨及梨木樹邨。日子久了，石梨、石蔭及梨木樹便成附近居民慣用的地名，而石梨、石蔭的範圍也包括和宜合道及梨木道附近的私人住宅。

相傳「梨木樹」本是茂密的梨樹林，而梨木可以製作成家具。原本的樹林範圍位於今日的梨木樹道與打磚坪街之間，舊時的梨木樹村拆遷之後，梨木樹道及梨木樹邨算是保留了地名，不過後者位處於和宜合道以西，屬於荃灣區公屋，而非葵青區。由此可見，地貌、景物構成地名，而地名成村名，村落拆遷轉移，舊名又成為新區的地名，然後民眾由此重建地域概念。

但地域概念的分界，又受制於規劃。在城市規劃及分區上，大多以「街道」作界線，就如上文所說荃灣與葵涌關係密切，所以在「上葵涌」中，便出現分屬兩區的情況：東面為石籬、石蔭及安蔭邨，屬葵青區；西面的梨木樹邨、上葵涌村、打磚坪村和大白田村則屬荃灣區；兩者以「和宜合道」為界線。

說來「和宜合」（Wo Yi Hop）也是有趣的地名，本稱「狐狸峽」（Wo Li Hop），後來雅化

[1] 石梨，取自原本石梨貝村，其位置在石梨貝水塘。

為和宜合。山峽地收集大帽山的山水，然後匯合成涌，與幾條支流向南流到葵涌，再流入醉酒灣。提一提，和宜合村仍在原址，在和宜合谷地北部；谷地南部則為耕地，後來發展成「新市鎮」。

東邊的界線在哪裡？

看一看葵青區的地圖，西接荃灣，東連深水埗區，東邊的地域分界線落在蝴蝶谷。大體上，呈祥道以北，靠山的，屬葵青區；呈祥道以南，近海的，屬深水埗區。但這樣說也「不太準確」，因為七十年代填海興建的葵涌貨櫃碼頭，至今已擴大伸延至深水埗、荔枝角等海域地帶。總之，就是填海、填海、填海，隨後貨櫃碼頭便連接到昂船洲。於是，昂船洲北部屬於新界葵青區，南部屬於九龍深水埗區。

由於填海的範圍很大，加上貨櫃碼頭很重要，所以早年鄰近碼頭的山嶺車站名叫「貨港」站（For Kong Station），其後又擬稱「麗景」站（Lai King Station）。說到這裡，大家應該會聯想到麗景即是將來的「荔景」。但在荔景尚未開發前，原本應該稱之為「荔枝嶺」，在醉酒灣與荔枝角灣（簡稱「荔灣」）之間。六十年代，香港政府發展荃灣新市鎮，其中一項主要工程，就是在醉酒灣填海並興建葵涌貨櫃碼頭，自此開發荔枝嶺，而對開的山坡上部分土石則用作填充醉酒灣。

這片靠山的地帶，約定俗成稱為「荔景山」（非正式官方名稱），取自山上的公屋「荔景邨」。所以，筆者暫且用上「荔景山」的概念來說一下這些有趣的地域現象。由於荔景山區與呈祥道是一路之隔，所以常被誤以為是九龍地帶。

例如：華荔邨、荔欣苑、荔灣花園、華豐園等，都是位於荔園原址，以及九華徑及鐘山臺一帶的住宅區；雖然與荔枝角和美孚的距離很近，但不時被誤會是九龍。

很古怪吧？不僅如此，剛才筆者說「不太準確」的分界線在呈祥道以北（西），按理當屬葵青區，但荔景臺東南面的清麗苑，卻屬於九龍深水埗區。

要準確無誤嗎？還是拿出《香港法例》，看看一九三七年地圖的明確分界，清麗苑剛好落在新界分界線外（新九龍範圍內）。看圖，始終比文句描述清楚得多。（苦笑）

*基於篇幅所限，青衣島暫不多說，留待下回解（假如「有」）。

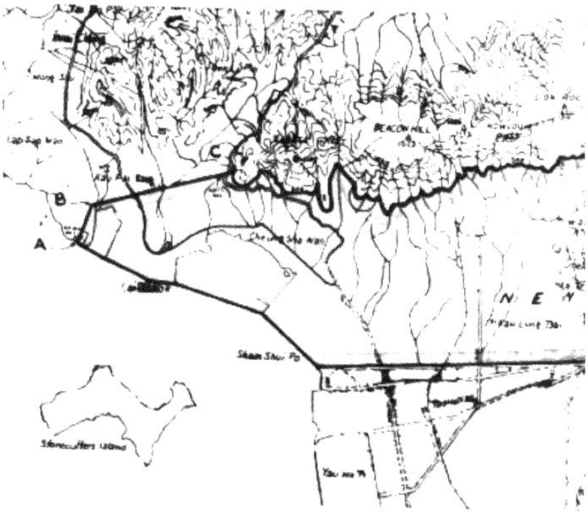

● 按1937年12月8日《香港法例》，第1章「釋義及通則條例」，附表5［第3條］「新九龍的範圍」；附有土地註冊處的一份標明「新九龍」的圖則。為該圖則的局部。

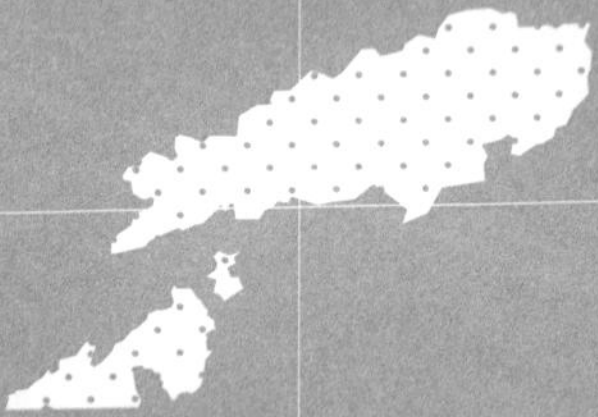

荃灣區
TSUEN WAN

海峽的奇異……味風情

荃灣與青衣島之間，有一狹小的海峽，稱之為「藍巴勒海峽」。那些年，筆者在荃灣那邊讀書，手執梁啟超《中國歷史研究法》，在海濱走廊的長椅坐著，看夕陽，很有詩意，有風，有情，也很有異國……不……異味才對。異味襲來，大煞風景，但氣味背後，卻又有充滿「工業味」的故事。

戰後市區擴展至新界，向著東西兩路發展，西路由九龍荔枝角伸延，於是荃灣（今荃灣區、葵青區）便成為最早開發的新市鎮[1]。

到六十年代，荃灣成為香港的輕工業重鎮，紡織業與當區居民生活息息相關。發展模式上，荃灣與觀塘非常相似，一邊為大型屋邨，例如福來邨；另一邊為工業區。城市發展的過程中自然要將土地重整，鄉村拆遷、填海在這段時間不斷進行，所以區內有不少街名，例如：楊屋道、海壩街、大河道、沙咀道等，仍保留著昔日的鄉村名稱及地形特徵，即使街名未必能為讀者帶來完整的想像。

文青讀者應該會懂得打卡熱點——南豐紗廠，其實它與附近一帶的工廠，正好構成一段紡織業的重要路線。由海濱的荃灣西鐵站，到半山街慶豐印染廠（七十年代初）、沙咀道中央紗廠（六十年代）、富華織造廠（一九四八年），再到白田壩街的南豐紗廠（五十年代），然後到青

[1] 荃灣於一九五九年發展成「衛星城市」，其後於一九六一年改稱為「新市鎮」。如果以全香港而言，觀塘則是第一個「衛星城市」。

慶豐染廠

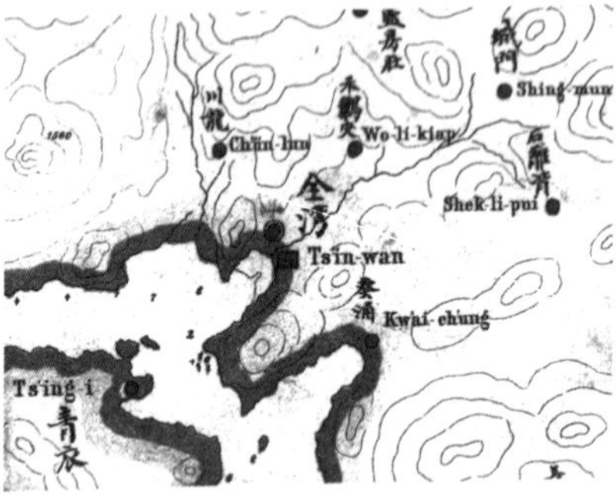

新安縣全圖（San On map of Mgr. Volonteri, 1866），該圖為意大利神父西米安·獲朗他尼（Simeone Volonteri，又稱「和神父」）所繪製。

山公路荃灣段的美港貨倉（美亞織綢廠，四十年代末），拼合成「紡、織、染、縫」齊備的荃灣工廠區，最後還有福來邨（六十年代）。雖然過去的城市規劃未盡完善，居民未能跨區就業，但一道之隔的柴灣角工業區則為邨內居民提供了一定的工作機會。

等等，那麼臭味是從何而來？也許可以從福來邨西側一條貫通荃灣南北的「大涌道」說起。這條大涌，是指自曹公潭流出藍巴勒海峽的明渠，而大涌道就在明渠的西側。由於臨近工廠區，所以工廠「順理成章」地將污水排至此渠。至八十年代中，港府將大明渠覆蓋以擴闊大涌道。故此，今日明渠不見了，工廠也重建轉型了，至於當年的工廠污水其實也未必是臭味主因。無論如何，沿著大涌道向海走去，便可回到臭味尚未消散的荃灣西海濱。那倒不如再向荃灣站走去，說說更久遠的故事。

從荃灣天后廟說起的故事

荃灣本來叫「淺灣」，意思是海灣水淺。喜歡四處逛的讀者，可以到荃灣天后廟（綠楊新邨），在廟內銅鐘可以找到刻有「淺灣」二字的痕跡。舊稱雖夠傳神，不過村民覺得「魚游淺水遭蝦戲」，淺字始終意境不佳，於是取其諧音叫「全灣」，寓意「完美」、「完整」，所以在一八六六年的〈新安縣全圖〉會發現「全灣」之名。到十九世紀末，楊屋村秀才楊國瑞提議用香草名「荃」代替「全」字，結果「荃灣」之名沿用至今。

在天后廟銅鐘旁邊有一義勇祠，內裡現存有一塊民國二十二年（一九三三年）的碑文，文中訴說一段荃灣城門二鄉械鬥的故事：

清季政治窳敗，法紀廢弛，蠻悍惡俗，囂張鄉鄰私熾。同治元年，我鄉（荃灣鄉）與城門八鄉啟衅，遂起械鬥。當時，我寡鋒鏑，屢壓境上，廬舍幾成兵墟，幸賴諸先烈抱大無畏之精神，作殊死之抵抗，閭里獲安，功成偉矣。此役相持三年，乃得鄰鄉耆者，出面調解，事始平息。計前後殉義者共十有七人，眾念其功在鄉井，乃於天后宮之旁，立義勇祠，歲時致祭，用以崇德報勁，七十年來祀事罔懈。茲恐牌位之本易朽，及易以石，以垂永久，飭以金以壯觀瞻，益以諸先烈當日捐軀衛鄉，苟值今日祖國多難，定必捨身救國，可令湮沒弗傳乎。今序其事以銘諸碑，固以昭示後人，亦藉以稍忍諸先烈在天之靈耳告。

中華民國二十二年歲次癸酉五月吉日

里中後死楊國瑞撰

事件發生在同治元年（一八六二年），參與械鬥的村落，計有荃灣十二村及城門八村。簡單交代一下背景，上述二鄉的村民都是客家人，他們在清初復界以後來港定居，歷代以來都有互通婚姻，所以關係密切。這些村落至今仍然存在，只是因地區發展，部分村落遷移他地。

說回文本，楊國瑞對於械鬥的原因和過程未有詳細交代。總之，械鬥「相持三年，乃得鄰鄉耆老，出而調解，事始平息。」荃灣鄉殉難者凡十七人，城門鄉殉難者十六人[2]，至於「鄰鄉耆老」屬於何鄉人士[3]，文中也沒有提及。

關於械鬥、私鬥，各鄉自有不同版本解話。譬之如今日兩國交鋒，出師要有名，宣稱自己為正確一方、正義之師，才能團結一致。此之所以，真相是否如此，還請讀者自行判斷。對於觸發械鬥的原因，過去蕭國健教授透過口述歷史，蒐集到四個版本，堪為「荃灣版羅生門」。茲列如下：

一、荃灣鄉鄉民版本

城門鄉村民時常強索石梨背村的財物。石梨背村勢孤力弱，只好向荃灣鄉求助。荃灣鄉派出數十個壯丁，埋伏石梨背村附近，捉拿意圖搶劫的城門鄉村民，最終將他們全部送往衙門懲處。途經至汲水門，有一個城門鄉民趁機潛水逃去，雖其餘鄉民全被送抵南頭治罪，但該鄉民逃歸城門鄉之後，虛報被捕者皆為石梨背村民所害。城門鄉民憤怒，派壯丁攻打石梨背村，生還者逃往荃灣鄉求助，引發數百荃灣鄉鄉民進攻城門鄉。

---

[2] 城門鄉原於荃灣城門水塘處，後遷至今錦田城門戶村。於錦田城門新村協天宮內祀奉城門鄉殉難者十六人。

[3] 有說是川龍耆老。

二、爛泥塘村鄉民版本

百年前，荃灣鄉爛泥塘村被城門鄉鄉民襲擊，村民逃難遷至今葵涌居住。該鄉民指示其從前所居之位置，但已為荊棘所蓋，只餘下一些棄置稻田及墓地可供引證。

三、城門鄉鄉民版本

當時，城門鄉鄉民常到荃灣市售賣菠蘿為生。但自城門鄉至荃灣市間，必經老圍村地區，該村村民對過路者抽取之稅項甚重，城門鄉鄉民對之甚為不滿，引致二鄉交惡而械鬥。

四、將軍澳鄉民版本

約一個世紀前，將軍澳歐陽族人先世本居荃灣爛泥塘村，以務農為業，與附近城門鄉、石梨背村、老圍村及關門口村等村民均有聯絡。某天，有兩名歐陽族人從外地回來，村前遇三數名城門鄉鄉民。是晚，村內雞鳴狗吠，更練前往巡視，發現有兩隻虎形動物，遂鳴槍示警，結果打傷其中一隻，另一隻落荒而逃。次日，城門鄉鄉民以歐陽族人槍傷其鄉民為名，向之宣戰，始知該兩隻虎形動物，實為兩名城門鄉鄉民所偽裝，其目的為盜取他人財物。因覺勢孤力弱，歐陽族人於是向荃灣鄉求助，導致城門鄉與荃灣鄉發生械鬥。

看過不同版本，其實也不會得到真相，無法客觀判斷誰是誰非。始終械鬥不是光彩的行為，文字紀錄少，只能透過於宗族族譜、民間信仰儀式（祭英雄）和口述歷史，局部重構新界械鬥的起因及過程。隨時代演變，經濟轉型，鄉族之間的關係大為改善，碑文亦因之隱沒了敵對村落名稱[4]。由此可見，鄉民對於維繫人事和睦比交代歷史事實更為重視。

值得思考的是，械鬥為何會發生？我們只能得出以下結論：不同氏族、族群（我者與他者）為了爭奪地區有限的貨源，繼而產生矛盾，械鬥便成為維護利益的手段。完。

---

[4] 例子如：「當時粉嶺區有一村（今諱其名）其鄉雖不大，但有功名，鄉民就強橫自大，視林村為其封土，令每年上繳租穀若干，村民不服，合力抗拒……」林村鄉戊子年太平清醮籌備委員會：《林村鄉戊子年太平清醮紀念特刊》（香港：林村鄉戊子年太平清醮籌備委員會，2008 年）。

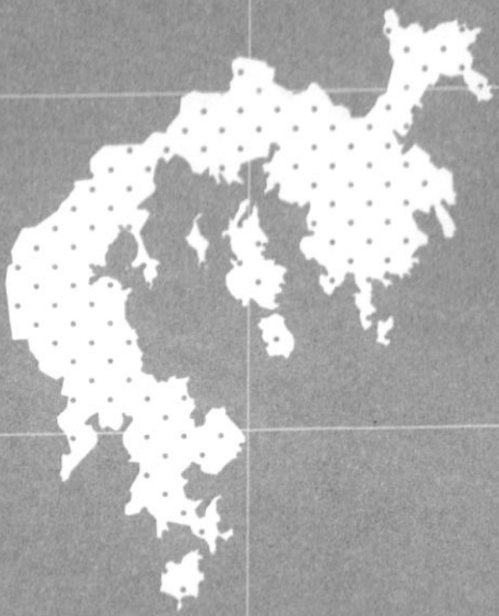

西貢區
SAI KUNG

神仙都想移民的地方

從「大牛」說到糧船灣

「港幣伍佰圓」對讀者的意義，或許是吃一頓豪華的晚餐，或許是一個月的交通費，但又有多少人留意到新鈔「大牛」上面印的，就是世界罕見的「六角形岩柱」？為了一睹這個世界級地質景觀的真貌，或許也要花上一張「大牛」作旅費，去西貢糧船灣一趟。

這樣一說，糧船灣好像距離我們很遠。糧船灣原本是西貢一帶的近岸島嶼，在明代的時候曾稱為「龍船澳」或「龍船灣」，到了清代中葉，就稱之為「龍舡灣」。如果用面積計算，糧船灣原是香港第四大島嶼，不過現時它已經與西貢土地連接。

因地理景觀而聞名的糧船灣，就以六角狀岩柱及破邊洲最為人熟悉。說到這裡，為什麼六角狀岩柱會出現在糧船灣？糧船灣原稱糧船灣洲（廣東多稱島嶼為「洲」），昔日曾由英文名「High Island」意譯成「高洲」或「高島」，顧名思義，此島的地勢較周邊的島嶼為高。至於六角柱的出現，是源自果洲群島附近一座直徑達 18 公里的古代超級火山——「糧船灣超級火山」！（這名號真的很 SUPER！）

糧船灣超級火山，正是香港首座被發現的古代超級火山，不過現時它已經是死火山，而最後一次爆發，大約是一億四千萬年前。推斷當時噴出的火山灰逾一萬三千億立方米，火山灰經過冷卻、凝固之後，形成了非常特別的六角石柱。然而，超級火山爆發之後，就出現傾斜，部分沉浸於海水之中，加上逾萬年的風化和侵蝕，現時已經無法看到火山完整的形狀。

為什麼糧船灣洲會「消失」呢？這和「水」有關。由於戰後香港人口暴漲，除了民眾用水量大增之外，工業發展也需要用上大量的水，當年港府計算所有水塘的儲水量後，發現即使加上淡水湖，水資源仍然不敷應用。

「制水」可能與年輕讀者距離很遠，但生活在一九六三年至一九六四年的朋友，就曾經歷過嚴重水荒時期，每四天才供水一次。由於「撲水」要緊，港府便於一九六九年開始構思興建另一個類似船灣淡水湖的大型水庫。最終水庫選址，就位於西貢半島南岸與糧船灣洲的狹窄海道之中——「萬宜水庫」登場！

「萬宜水庫」曾被稱為「糧船灣淡水湖」，然而，因容易與少其一個字的「船灣淡水湖」混淆，所以便改以水庫範圍內的「萬宜村」命名（萬宜村因此工程被迫搬遷）。不過，水庫的英文名仍然維持以糧船灣洲的英文「High Island」命名。水庫建成後，「糧船灣洲」連接上陸地，所以從此在官方地圖上，糧船灣洲便改稱糧船灣。

不過，仍未馬上解決「缺水」的問題。許冠傑在一九七四年的一首歌名為《制水歌》，歌詞多少反映了昔日的制水「日常」。

「又制水真正受氣」一句，「又」字指出制水之事經常發生；「真正受氣」寫出制水令小市民辛苦又生氣；「又制水今晚點沖涼／成晚要乾煎真撞鬼」說明制水影響市民種種基本生活。今時今日粵語中說到「水」，不時與錢掛勾：「四圍撲水」解四處籌錢、「政府鬥水喉」即是政府缺錢減開支。

然而，由500元說到制水，或許讀者覺得筆者的吹水功力未免太高了。

西貢普通不普通

想慢活、Relax 一下，「行吓山」、「打吓卡」的話，來西貢就好了，所以人們美稱西貢為「香港後花園」也不為過。但始終西貢太大，篇幅所限，筆者還是集中說一些「普通」一點的地方。

西貢墟有一間位於普通道的天后廟，落成年份不可考，但推斷已有過百年歷史（曾於一九一六、一九六五及一九九三年重修）。簡述一下，它所奉的天后娘娘是漁民信仰，漁民出海前都會來求籤上香，求個平安。當西貢墟發展得愈來愈好，商店林立，廟宇便成為社區中心。其後，人們於廟宇側興辦義學，將學校命名為「普通學校」，意思是普通市民都可以接受教育，校外的道路也因之叫「普通道」。後來，政府及居民興建了西貢公立學校，與廟宇連接的普通學

---

*小知識
擁有豐富地理景觀的糧船灣在2009年被劃為中國香港地質公園——糧船灣景區。

校便完成歷史使命，變成了「西貢街坊會辦事處」。這間廟有趣的地方是，它另一側與協天宮相連，而協天宮奉祀協天大帝，即關帝（關羽）。這座協天宮原建於躉場，基於天后廟於一九一六年重修，於是街坊為方便祭拜，將關帝請來作為天后的鄰居。這算是區內神仙移居的有趣例子，不過說起神仙，西貢蠔涌也值得一說。

蠔涌車公廟

奉祀車公的廟宇當中，蠔涌車公廟應為香港最古老的一間，有差不多五百年歷史。就風水而言，堪輿家說蠔涌村一帶有五座大山，構成「五虎下堂」之局，煞氣極重，認為車公可以鎮壓煞氣，便建廟於此。至於車公何許人也？相傳祂是宋朝大將，曾平定華南叛亂，南宋末年隨同宋少帝趙昺來到香港，駐守西貢時，經常為村民治病。故此，村民建立蠔涌車公廟，一則紀念車公功德，二則收鎮壓「五虎」之效，一舉兩得。車公是道教人士信奉的神仙，所以不少打醮活動中，祂也是經常出現在「受邀神仙」的名單之上。

話分兩頭，車公雖鎮壓得五虎，卻又生出白馬傳奇。坊間流傳，廟宇建成之後，有村民覺得大元帥沒有座騎是說不通的，於是集資買一隻白石馬放在廟外，之後發生「怪事」如下：

一、原本年年豐收的蠔涌村，自始失收；

二、禾穗長得好，但收割時穀內無米；

三、朝早下田，發現禾穗東歪西倒，凌亂不堪，泥土留下野獸足跡。

「怪事」持續三年，於是村民請來堪輿家，他認為農作物之所以失收及遭到踐踏，全因白石馬成精作祟。村民果斷行動，將白石馬拆下，並用香爐「鎮壓」。故事的尾聲，當然是回復太平，五穀豐登。（問題：車公能鎮「五虎」，為何不能鎮「白馬精」？）但傳說，信則有，不信則無。

如果讀者將目光放遠一點，看一看廟宇旁的亞洲電視前蠔涌廠房，便會明白何為「永恆」。有些事情，只要信，不要問，但信不信由你。

將軍澳是九龍還是新界？

讓我們目光再放遠一點，指一指將軍澳這個地方。將軍澳的特別之處，就是總會有地產界的朋友不時說著「將軍澳是東九龍」，又指「將軍澳物業在東九龍區，呎價不到兩萬，很抵。」但筆者看著地圖，看著行政分區，這顯然是在新界西貢區，為何他們總是說「九龍東」、「東九龍」？這是由於地域分界模糊嗎？還是說九龍叫價便可高一些？

將軍澳的地域概念，可以由魷魚灣[1]、坑口[2]、調景嶺等地包圍的海灣說起。如果打開地圖，會顯示英文「Junk Bay」[3]（這名稱早在一八九五年地圖中出現），意思是「帆船灣」。將軍澳

---

[1] 顧名思義，由於昔日盛產魷魚而得名。魷魚灣村（Yau Yue Wan Village）或魷魚灣新村，位於新界將軍澳新市鎮東北的山窩，以寶琳北路與寶琳為鄰。今日的寶琳為填海地。

[2] 以前孟公屋附近有一條大水坑，其水源源不絕，奔流大海，故稱坑口。有坑口村，建於十七世紀，為雜姓村落。後因新市鎮規劃，遷至寓安里現址。

[3] 近年官方將陸地部分統一以 Tseung Kwan O 稱呼，但海灣仍然多標示為 Junk Bay。

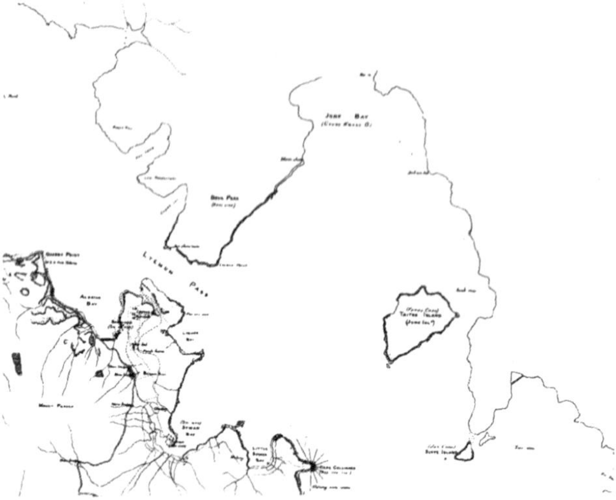

Hong Kong From Ordnance Map, 1895

Kowloon and Part of New Territories, 1908

海灣範圍在鯉魚門以東，佛堂門以西。船隻進入佛堂門以後，直至另一端汲（急）水門都為內港，相對風浪平靜，停泊大量帆船也合理不過。故此，早在明朝已經有人在將軍澳定居，並且《蒼梧總督軍門志全廣海圖》（嘉靖三十一年，一五五二年）有著「將軍澳可避颶風」的記述，都反映這裡為平靜的海灣（避風塘）。

調景嶺，原名應為「吊頸嶺」，英文名稱是「Rennie's Mill」，源自加拿大籍洋人退休公務員倫尼（Alfred Herbert Rennie）一九零五年於該處設立的麵粉廠：倫尼氏磨坊（Hong Kong Flour Mill Company）。麵粉廠後於一九零八年四月倒閉，生意失敗的倫尼在距離廠址 3 公里外的鯉魚門水域投海自盡。後來不少傳聞，指倫尼是在麵粉廠內上吊自盡，人們便將該地戲稱為「吊頸嶺」。不過，傳聞並非真實。何解叫做「吊頸嶺」呢？該處最早稱為「照鏡嶺」（Chiu Keng Leng）或「照鏡環山」，其名與周圍的地貌有關。由於海上平靜無波，海灣呈圓形如鏡，故稱海灣為「照鏡環」，而陸上山崗稱為「照鏡嶺」（照鏡環山）。讀「照」成「吊」，另一說法指為客家話讀音問題。見一九零八年地圖，已有讀音為「吊」鏡環（Tiu Keng Wan）。

解釋名字由來之後，說回調景嶺的發展。在五十年代，港府將大批支持國民政府、住在港島摩星嶺的內地來港難民遷到吊頸嶺，並建大量的寮屋平房。所以，這裡曾經被稱為「小台灣」，滿是「青天白日滿地紅」的旗幟。當年的社會局救濟署署長李子農有感「吊頸嶺」一名欠吉利，所以改稱為「調景嶺」，寓意「調整景況」，至於英文名字則沿用「Rennie's Mill」；直至香港回歸後，才改回中文音譯的「Tiu Keng Leng」。後來這些「國民黨死忠」寮屋區隨著城市發展消失，大部分居民遷入坑口的厚德邨。

說回正題，將軍澳算是九龍一部分嗎？過去根據天然地勢，以「九龍群山」[4]劃分九龍（新九龍）與新界；於是將軍澳便在九龍群山之外。不過，醫院聯網及警區卻把將軍澳列入東九龍區，再加上地理毗鄰九龍，以及地產商的宣傳策略，讓人產生「將軍澳在東九龍區」的感覺。

最後，九龍會比新界「高尚」嗎？這也是一種「感覺」，相信讀者自有答案。

---

[4] 在一九三七年，九龍群山以南成為「新九龍」，通稱九龍；而九龍群山包括：西起琵琶山、尖山、鴉巢山、筆架山、獅子山、雞胸山、慈雲山、觀音山、大老山、鑽石山、斧山、象山、東山、飛鵝山、大上托（過背山）、五桂山、照鏡環山、魔鬼山等。

2.8 西貢區

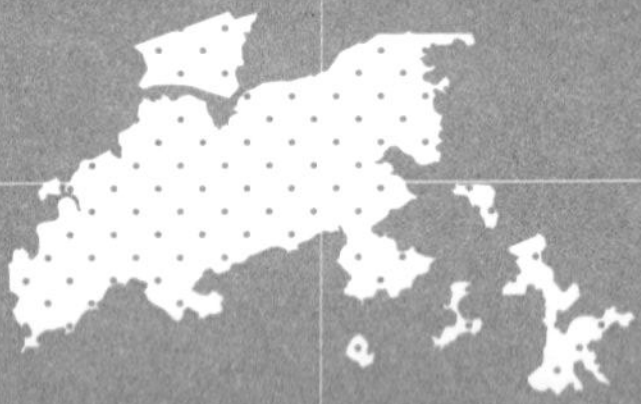

離島區
ISLANDS

海域條界都任你擺

他約我去迪士尼

離島區在十八區中同時擁有「最大」、「最多」和「最少」。「最大」的島嶼大嶼山、「最多」的土地面積、「最少」的居住人口。而說到「一生都記起」的美麗回憶，就必然是大嶼山竹篙灣的迪士尼樂園了。坐上東涌線列車，到欣澳站下車，然後「看著這入場券」，走進樂園，走進美國小鎮大街，一邊唱著《他約我去迪士尼》：

「不必理是與非　不需要顧忌
穿梭堡壘內陪伴我嬉戲
米老鼠　比精品店的美
輕輕靠近 都可使我快樂跳起」

「朋友，你跳到這裡是荃灣區，你跳那裡就是離島區。」

「What？這不是大嶼山嗎？」

是，這裡確是大嶼山，但是大嶼山的東北部在行政分區上被劃分為荃灣區，大概範圍在美國

大嶼山竹篙灣
村人多務農業
政府曾有意發展惜擱置

本報特稿

大嶼山北部面積雖然不小，但地與其名，全個地區都是山嶺，只有三數個小村落仍有人煙的蹤跡，其中以竹篙灣算最大。

前往大嶼山北部的主要交通路綫是由青龍頭乘坐街渡，先後可以抵達大嶼山的大青州、打水灣和鹿頸，由打水灣步行十五分鐘即可至竹篙灣，那是大嶼山北部最大的村落。

竹篙灣現時人口只不過一百多人，主要從事農作飼養等業。灣內有一船廠，有六百多工人，但多不在該村居住。

據竹篙灣村長鍾伯安說，竹篙灣地方雖然不大，但政府曾有過移山填海的發展計劃，灣內的地價一時也曾漲價十倍，只可惜發展計劃擱置，該村乃回復以往的平靜。

大青州和鹿頸均是小村落，人口不過十數戶，亦多以種植為生，但鹿頸的所在地卻臨澳灣，為一直選的貯木場，亦為喜好垂釣的人士所熟悉的地方。

雖然前往大嶼山北部這些村落一趟並不太遠，但由於沒有路標指示，旅客經常迷路，但身為街坊的經紀者鍾村長建議在青龍頭的碼頭建造一個明確的指示牌，此舉已為政務處及有關部門考慮辦妥。

● 〈大嶼山竹篙灣 村人多務農業〉，《香港工商日報》，1984 年 10 月 8 日報導。

小鎮大街以北的地帶（迪士尼站、明日世界），而大街以南的園區（幻想世界、探險世界等）及酒店區就是離島區。

當你覺得「奇妙旅程」與「荒誕」的行政分區結合的時候，其實在迪士尼樂園存在之前，這種劃分能帶來一定程度的行政方便。屬於荃灣區的管轄地帶，包括青洲仔半島、陰澳（欣澳）、竹篙灣同汲水門等等；有點像大埔區與西貢北的情況，大嶼山東北部分有街渡連接荃灣區，故此在訂立荃灣區時合此劃分。九十年代以前的竹篙灣是一處非常偏僻的地方，人口不過百人，僅有望東坑、灣篤及昂船坳三條村落，還有一所發電廠及財利船廠。由於沒有陸路交通，所以村民及工人出入時，只能依賴街渡往返深井青龍頭。（見右圖報導）隨著赤鱲角機場規劃開始，九十年代後期發展陸路交通，至二零零五年建有欣澳站及迪士尼站。不過，由西邊的小蠔灣一帶向東劃一條直的行政分區界線，仍然沿用至今。當然，對於猶如獨立王國的迪士尼樂園而言，並沒有被那條行政分區線所影響。

方形的海域界線

若果大家覺得行政分區是「條界任你擺」，不要懷疑，香港的海域界線亦有類似情況。打開當年租借新界時的地圖，可見香港的海域是呈方型。可參看一九零零年地圖，英文以爛頭[1]

[1] 村民用「爛頭」來形容鳳凰山山頭的形狀。

（LAN-TAO）作為大嶼山（TAI-Yu-SHAN）島的總稱，就西邊海域而言，例如大澳（TAI-O）、寶珠潭（PO-CHU-TAM）、南涌（NAM-CHUNG）、二澳（I-O）及石筍（SHEK-SAN），從這些地方一出海就是中國海域。為了確立這條海域界線，英人在一九零二年在陸地上立下兩條界碑，以東經 113 度 52 分，顯示新界租借界線，南北各一。嶼北界碑（又稱嶼北界石）坐落於大澳寶珠潭以東的小山崗上；嶼南界碑（又稱嶼南界石）坐落於狗嶺涌。

這會出現什麼問題呢？例如你身處大澳陸上，就是在英界；出海就在中國海域。漁民彈出彈入，除了漁業，南中國海可締造什麼產業？就是另類運輸——走私。

因應不同時代的情況，「私梟」運送的「物」自有不同。例如一九四一年，國難當前，內地多處淪陷，走私之路是偷運內地無證鄉民，獲取豐厚利潤（左頁上圖）。

大澳自租借新界條約生效後，走私已不是新鮮事，但「海域問題」於九十年代的執法上仍然受到掣肘，因為海面屬中國領海（左頁中圖）。對於大澳走私猖獗問題（這次是走私電器），不同報章都指出是由於水域不屬香港範圍所致（左頁下圖）。

到了香港回歸後，方形的海域界線似乎得到折衷的解決方法。今日打開香港地圖的海（水）域範圍，會發現已經作出調整：大澳海域已向西移，解決了國內與香港海域的執法問題。不過，走私問題似乎仍不時在香港西部的海域出現，到了二零二一年，走私的是龍蝦。

商會擔保入境證 今日期滿撤銷

大澳走私船隻多改業 偷運各內地旅客入境

華商總會爲利便本港各商人於舊曆年關來往，特商請移民局許可准該會代發證書，凡持有該項證明書者，均可自由出入。但此辦法於今日即告滿期，嗣後該會所發證書，即告無效。昨該會負責人稱：本會對此項辦法，決如期撤銷，當不再向移民局請求展期云。

【另訊】據大澳來客談：自本港於去月實施移民條例後，本港各邊界均有移民分站設立，檢查旅客入口居民證，以防無證者偷渡來港，惟大澳一地，迄目前始有設立消息，故該地私梟紗想天開，竟利用走私船，包庇載運內地無證之鄉民入境，藉利尤豐。故目前大澳之走私船，因中山九龍新灣沙、浮墟一帶最近淪陷，走私路線，受日軍截斷，私貨不能轉入內地，乃改爲載運偷渡來港旅客。本港移民局局長爲此事，日前曾親自乘水師小輪往大澳察視，爲防範起見，擬於日間在大澳及長洲設一移民局分站，以加緊杜絕走私活動。

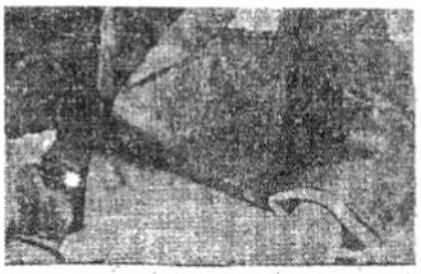

〈大澳走私船隻多改業 偷運各內地旅客入境〉，《大公報》，1941 年 2 月 5 日報導。

華僑日報 中華民國七十九年（一九九○）六月廿六日 星期二

新界版

警方經過連串行動檢控二百餘人

大澳走私已減半

因海面屬中國領海執法受掣肘與律政署研究

中港雙方亦會透過邊境研究警方採策略打擊

每日私貨三百多件獲利大購快速船隻難追捕

〈警方經過連串行動檢控二百餘人 大澳走私已減半〉，《華僑日報》，1990 年 6 月 26 日報導。

由於對開水域不屬香港範圍

大澳走私活動猖獗

警方行動遭遇困難

現正研究引用國際法對付及與內地商討辦法

〈由於對開水域不屬香港範圍 大澳走私活動猖獗 警方行動遭遇困難〉，《大公報》，1990 年 6 月 26 日報導。

西部港灣、玫瑰園、未來的東大嶼？

話說回來，那些年大嶼山的發展是讓人期待的。在八十年代，港府為在大嶼山興建新機場而尋求不同的計劃方案。於是，商人對於大嶼山的發展便有不少構思，我們簡單去翻閱一下舊報章，可以輕易找到美好的計劃藍圖。在一九八七年一月十一日《大公報》可找到不少醒目的標題，例如〈胡應湘介紹計劃詳情時稱 計劃需地數百公頃 可望不受批地限制 據稱許家屯對計劃表支持港府官員感興趣〉（見左圖）、〈西面港灣——大嶼山重要發展扼要〉等等。[2] 構思重點包括：提倡公路須連接大陸，加強兩地物流；在坪洲至小交椅洲填海成人工島；連接大嶼山與港島西。鋪天蓋地的報導，說到「似層層」，結果，胡氏的計劃在當年卻未能如願。

時至一九八九年某月某日發生的事件後，港英政府於同年十月十一日的施政報告宣示了《港口及機場發展策略》，「描繪了一幅如玫瑰園一般美好」的「玫瑰園計劃」，希望透過十項核心工程，穩定香港居民對未來城市發展的信心。如果將玫瑰園計劃與胡氏的計劃比對，能發現不少顯著的差異，特別是沒有人工島這一點。

不過大型計劃自必然需要大手投資，所以公佈玫瑰園計劃預估造價高達二千億港元（多次修改降低成本後，整個計劃耗資 1553 億元完成）。從當年報章中看「風向」，可見歐美國家對

[2] 同日相關報導標題有：〈合和長實和黃聯手推動大計港西與大嶼山發展計劃 擬動用二百五十億進行興建機場橋樑泊位等 滙豐萬國寶通安排融資〉；〈港府若今年批准 計劃明年可動工 機場首期工程等九二年啟用〉。

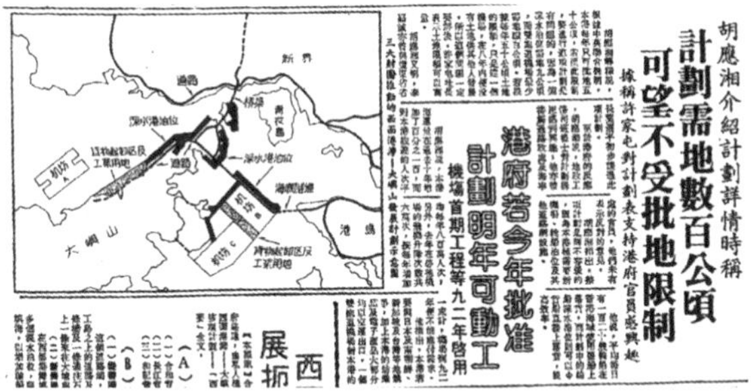

胡應湘介紹計劃詳情時稱

計劃需地數百公頃 可望不受批地限制

據稱許家屯對計劃表支持港府官員感興趣

港府若今年批准 計劃明年可動工

機場首期工程等九二年啓用

●〈胡應湘介紹計劃詳情時稱 計劃需地數百公頃 可望不受批地限制 據稱許家屯對計劃表支持港府官員感興趣〉，《大公報》，1987 年 1 月 11 日報導。

駐美貿易官員宣傳玫瑰園大計

機場港口發展計劃 提供無限商業機會

兒童基金委員會 保障兒童權益 訓練適當人才 處理虐兒個案

本報熱心讀者 捐款救急扶危

佛教居士林 弘法講座完結

惠康超級市場舉辦 廿五年來最大推廣

〈駐美貿易官員宣傳玫瑰園大計 機場港口發展計劃 提供無限商業機會〉，《華僑日報》，1989年10月29日報導。

江澤民稱港建玫瑰園需量力

中共總書記江澤民上週四首次談到香港政府提出的玫瑰園建設計劃時強調，這項涉及一百五十億美元的基礎設施，要看地方財力，要量體裁衣，看菜吃飯，總不能你請客我會鈔（即結賬）吧。

江澤民是在中南海和政治局常委李瑞環一起，與香港新聞界人士訪京團座談時，談到這項投資達一千二百七十九億港元的機場及新港建設工程的。

〈江澤民稱港建玫瑰園需量力〉，《華僑日報》，1989年12月24日報導。

玫瑰園計劃表示支持（見右頁上圖）。相反，中方擔心玫瑰園「有刺」，有掏空香港庫房之憂。（見右頁下圖）在中英雙方角力下，玫瑰園計劃並非全部內容都付諸實行。雙方在一九九一年九月三日中英雙方簽署《關於香港新機場建設及有關問題的諒解備忘錄》並達成共識——需留給未來港府儲備不少於 250 億港元。

折衷之下，計劃原訂的三層結構青馬大橋變成兩層、機場線與東涌線四線變成部分共用雙線路段、大嶼山的大蠔及小蠔兩個山谷發展成新市鎮的計劃被中方擱置……這全都是因為當年怕錢花得太多而致。

比對之下，近年提議的「明日大嶼」及「東大嶼都會」計劃頗有這個「西面港灣」的影子。至於未來發展如何，我們作為 Small Potatoes 自必無法完全掌控。不過能從歷史中明白到，即使大商家甚或中英雙方也非能就一事一物如願而行。

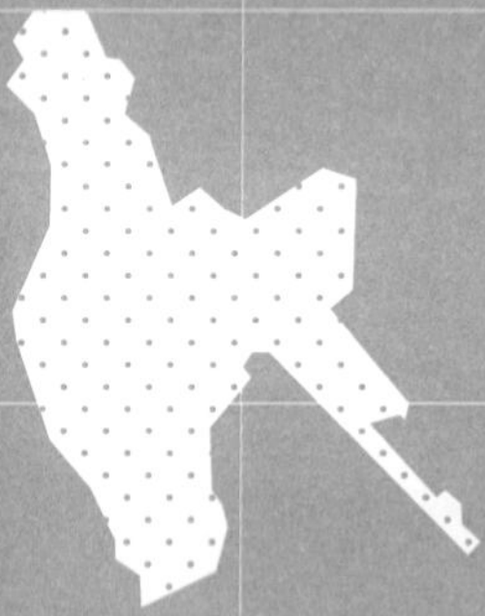

九龍城區
KOWLOON CITY

點解入城寨？巴閉囉，英雄主義，疊馬

從街道說起

話說香港有一條打鼓嶺道，看一看街名，以為在「無雷公咁遠」的地方，其實是在九龍城區的一條街道，與北區的打鼓嶺並無關係。街名來自於「打鼓嶺村」，當年村內有腐竹廠和養豬場。至於「打鼓」一名，則來自於九龍城寨建城之後，城內設有「更館」，更伕負責巡夜並打更報時。而更伕又分城內、城外；城內打小鑼，城外打小鼓；城寨外的更伕便逐漸聚居成村。由於他們沿著城牆，然後上山嶺打鼓報時，所以村名便叫做「打鼓嶺」。向九龍城寨走去，接著會經過一條橫街叫做「賈炳達道」。「賈炳達」看似人名，其實是英文「Carpenter」音譯，意思是木匠。以前城寨周邊有大量的寮屋，用作儲存木材及木板。同時，傢俬鋪為方便購買木材，於是直接在此租地開廠製作傢俬，也吸引不少在九龍半島居住的人來購買。英國人有見木匠眾多，便稱「Carpenter Road」（木匠路），及後港府整頓此區道路，仍保留傳統名稱，不過就音譯為中文。

雖說香港不時因為城市發展，將建築拆卸、遷移；但街名地名，殘留不少歷史意義。然而，九龍城區消失的建築景物，又豈止於此。

九龍城寨與「三不管」

現時走進九龍寨城公園，寨城不見了，僅餘的是九龍司衙門。公園前身是九龍寨城，原本是清朝駐軍的地方。自香港島割讓予英國，清政府便在九龍半島興建九龍寨城，以加強海防。寨城於一八四七年完工，城內設兩座衙門（大鵬協副將及九龍巡檢司的衙署）。

不過，先別說抗英作用，九龍寨城建成不久便遭賊匪佔領。據《廣州府志》記載，咸豐四年（一八五四年）七月二十六日，「賊羅亞添」攻陷九龍寨城，肆虐前後十天，到了閏七月初四，大批清兵來到，才能重新收復寨城。

到了第二次鴉片戰爭爆發，港督寶靈向駐紮寨城的「最高級官員」大鵬協副將張玉堂提出要求：不可支援抗英活動，以避免英軍攻擊寨城。張氏答允，使寨城在這次戰爭中絲毫無損（但還是看不到寨城發揮抗英作用）。想一想，其後寨城多年來最大作用應該是遏止走私、設立關稅、徵稅。

寨城城牆大部分在日佔期間為日軍拆毀，用來擴建啟德明渠（龍津河）及啟德機場。到一九八七年，港英政府宣佈清拆寨城。在考古期間，考古學家發現了寨城東門與南門殘存的牆基。現時公園內的「南門懷古」遺蹟，尚有兩塊刻有「南門」和「九龍寨城」字樣的花崗岩石額，有說是當年居民怕被日軍破壞而埋在地下。由此可想像一下寨城的規模：城牆以花崗石建成，有六座瞭望台及四道城門；其實說大也不大，現時在園內的立體模型，或多或少能讓讀者發思古之幽情。

為何寨城會變成大家耳熟能詳的「三不管」地方呢？

一八九八年，新界被租借予英國，惟清國仍保留了九龍寨城的管轄權。翌年英人接管時，卻爆發新界六日戰爭。之後，港英政府指稱為新安縣官員策劃，並違反《專條》中的「不得與保衛香港之武備有所妨礙」的內容，趕走了駐守的清兵。後來清兵確是被趕走了，但英國和港府也沒有寨城的主權和治權。於是，有人在荒廢的寨城建起寮屋。到了香港重光之後，國內動蕩，還有大批難民湧入聚居。對此，中華民國政府未曾放棄主權，並且反對英軍接管寨城。

這種無政府狀態，使城寨到六十年代的居住人口達到兩萬之多，至一九八二年時人口再多近一倍，然而寨城主權仍屬於「中國」。英屬香港政府管不了、中華民國政府管不了、中華人民共和國政府管不了，寨城於是成為非常特殊的「三不管」地帶。[1]

「三不管」伴隨而來的是治安問題，此地成為了三合會的活躍地帶，使城內設有不少妓院、賭檔、鴉片煙館、海洛英館等，還是無牌牙醫、中醫和冒牌貨的集中地。

「黃、賭、毒，樣樣齊」的城寨，直到一九九三年才完成清拆，衙門得以保留，寨城原址則變成了公園。公園於一九九六年年底正式開放，這也是香港唯一的歷史園林公園。留意，上文所說的城寨南門遺蹟及衙門為法定古蹟。

---

[1] 另有一說為「香港政府不敢管、英國政府不想管、中國政府不能管」。

宋皇臺？宋王臺？保育項目？

如果覺得九龍寨城不夠舊，九龍城區還有一塊歷史更悠久的「宋皇臺」石，安置在今日的宋皇臺公園。話說這塊巨石以前是在馬頭角的小山丘上，而小山丘又被稱為「聖山」。在十九世紀，英國人所畫的地圖也有相關記載。聖山所紀念的宋皇事跡，或許讀者也耳熟能詳。相傳宋帝趙昰、趙昺兩兄弟為避元軍追殺，輾轉來到九龍城一帶（官富場）。他們整編軍隊，繼續抗戰。後來，帝昰死了，帝昺在梅蔚（即今梅窩）登基，因元軍追趕，遂經淺灣循海路西渡前往新會。最後，當時的禮部侍郎陸秀夫背著剛滿八歲的帝昺在崖山投海自盡。其後，民眾在一塊巨石之上，刻上「宋王臺」[2]三個字紀念。由此想像一下，在南宋時期能夠建設行宮，大概反映了九龍城一帶（官富）已有相當發展，否則難以支持及容納隨行官員及以數萬計的軍隊。

但為何寫成「宋王」呢？根據陳伯陶考據，是因為元朝托克托《宋史》以帝昰及帝昺為〈二王紀〉，所以推斷這是元代所刻。至於石上刻有「嘉慶丁卯年重修」，只是指「重修」是清代一八零七年的事。

到了清末的時候，宋王臺附近已經極為殘破，又有居民在聖山採石。及至一八九八年英人租借新界，華人領袖何啟建議永久保留宋王臺，禁止在聖山附近採石及建屋。其後，商人李瑞琴出資興建牌坊、涼亭，供人遊覽；聖山成為難得的「保育項目」和「旅遊勝地」。然而，一九四三

---

[2] 清末民初文人多指為「臺」字，可參看陳伯陶在一九一七年刊行的《宋臺秋唱》，或一八九九年立法局通過的《保存宋王臺條例》；另有「堂」字一說，明堂為天子舉行朝會、祭祀之所。《大戴禮記》：「明堂者，古有之也。」《孟子梁惠王下》：「夫明堂者，王者之堂也。」筆者錄之以存疑。

年日佔期間，日軍為擴建啟德機場，將部分聖山摧毀。宋王臺巨石被炸裂，猶幸有字的部分保持完整。戰後，港府遂將巨岩殘骸切割成碑，並於一九五九年建成宋皇臺公園，改「王」為「皇」，以示尊重。不過，尊重及保育史蹟很難，史籍曾記載的相關遺蹟，例如宋王母梳妝石、晉國公主墓、二王殿村、馬頭圍等，已隨著城市的發展而消失。

啟德機場、啟德濱？未來 CBD？

說到「啟德」二字，讀者或許首先想起地產商說的未來 CBD（Central Business District）。姑勿論是否謅（音：吹）大了，本來「啟德」之名，盛載著的就是美好願景、美好的地產項目。不過，筆者說的是當年……

「啟德」二字，是取自何啟爵士及區德先生的名字。當年他們成立一家叫「啟德營業有限公司」（The Kai Tack Land Investment CO., Ltd.）。受到花園城市概念[3]的啟發，二人希望能夠建立一個自給自足的社區，於是建議在九龍灣填海發展（位置是龍津埗頭，即今九龍城碼頭），建構優質華人住宅區。一九一六年完成第一期填海，惟何啟已於一九一四年離世，區德將新填出來的土地命名為「啟德濱」（Kai Tak Bund）。不過，地產項目是否穩賺不賠呢？

第一期填海只有一部分發展成住宅，另一部分變成爛地；第二期及第三期的填海更變成爛尾

[3] 花園城市概念，來自於霍德華（Ebenezer Howard，1850-1928），他是二十世紀英國有名的城市學家，其著作《明日的國園城市》（Garden Cities of Tomorrow）更是一本形響世界的書，對香港新界地區的發展有重要影響。

工程，啟德公司財困，[4]只可等待「白武士」[5]收購……

一九二四年二月期間，美國人哈利・亞弼（Harry Abbott）向啟德營業有限公司租用了一部分填海土地，並開辦飛行學校，「啟德」這塊土地才正式與機場扯上關係，首次飛行在一九二五年農曆正月初一進行。但不久，飛行學校就停辦了。

後來，財困的啟德公司等到了一九二七年，英軍看中這幅土地，認為適宜用作機場，於是出資收購並將其改建。[6]之後，機場於日佔時期被擴建，重光後逐漸發展成為國際機場。

「啟德國際機場」為何要拆呢？是因為這個僅有一條跑道的市區機場，每小時要處理的升降班機多達36架次，一升一降，險象橫生；航道之下，又是人煙稠密的住宅區；如發生嚴重的意外，後果不堪設想。為安全及未來發展需求考量，港府在一九八九年宣佈新機場選址於大嶼山西北面的赤鱲角，工程歷時八載。新機場於一九九八年七月啟用，同時啟德機場完成歷史任務——關閉。

如是者，舊機場荒廢了一段時間，更曾經被說是一片爛地……政府重用啟德地皮後，跑道區改建成為啟德郵輪碼頭及公園。「啟德」重拾過去歷史身份——地產項目，但是隨著二零二零年《施政報告》宣布擱置單軌鐵路計劃後，不知啟德CBD是美麗願景夢破，抑或是明天會更好呢？

---

[4] 經濟不景氣，一九二二年「海員大罷工」、一九二五年「省港大罷工」使得香港經濟再大受打擊。同期發展，如梭椏的建屋計劃、義德「九龍塘公司」，均告吹及陷入財困。

[5] 白武士又稱白衣騎士，是指在工商業上向另一間公司提供協助的公司、私人公司或者個人。

[6] 英軍此舉為應對日本軍方調派機隊進駐台灣南部。

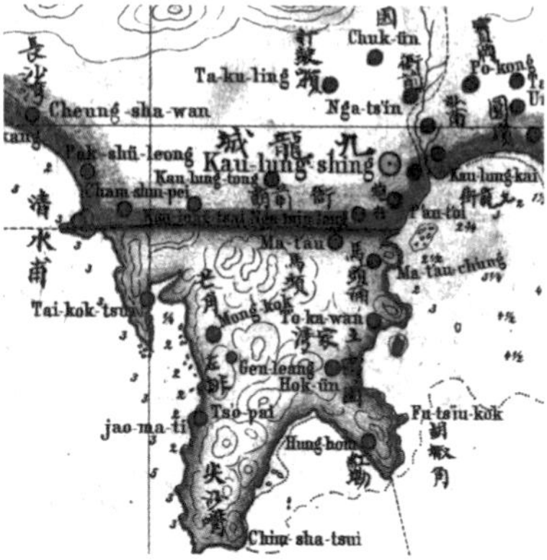

1866 年地圖（九龍城及鄰近地帶）

1917 年繪畫的《宋臺秋唱圖》

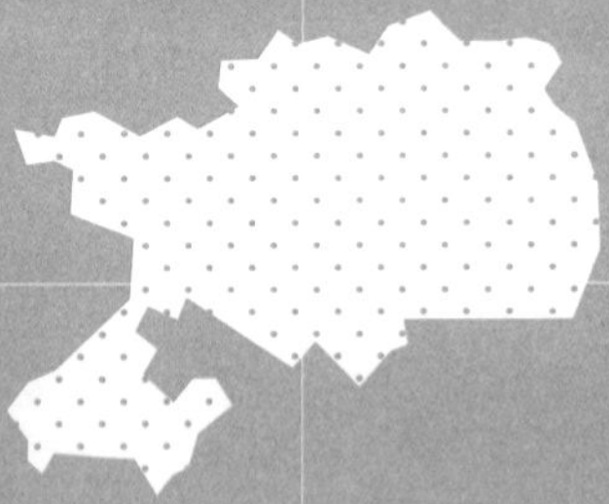

深水埗區
SHAM SHUI PO

除了愛情，地名都會轉移

由鴨寮街說起

小時候對於深水埗的概念，就是「黃金」、「高登」、「鴨寮街」，還有一家名叫「美而廉」的餐廳，因為家父在那裡當廚師。記憶所及，就是跟著家兄，由屯門山景出發，乘著巴士，到達人多擠迫的深水埗。那時，巴士路線不用記，街道、地標也不用記，因為人有依靠，就不用想太多。

不過，小孩總是喜愛發問：「為什麼鴨寮街叫『鴨寮街』？」父親答：「因為以前這裡有很多鴨寮。」「鴨寮是什麼呢？」「鴨住的屋。」簡單直接，沒有說到什麼歷史故事。走著走著，從記憶回到現實，筆者還是要進入說史模式。

話說在十九世紀，鴨寮街尚未存在的時候，這一帶為大海，附近有農田、魚塘。二十世紀初填海之後，政府開發深水埗，在南昌街到欽州街之間蓋滿了鴨寮，所以街道便命名為「鴨寮街」。翻看一九一一年的憲報，深水埗區二十三條鄉村的名字中，大多反映農村風情，例如：狗爬徑、鴨乪寮、田寮村、雞笪樹、圓嶺仔、馬壟坑、豬寮、白薯莨等。另外在紀錄中，各村莊人口只有幾十至二百人，可謂村小人少。隨著三十年代政府開發深水埗，村落被拆遷，有些村名、地名隨之消失，有些則轉化成如今的街名。隨著「戰前唐樓」[1]（「下鋪上居」的三層高建築物）漸漸出現，深水埗亦由農村轉變為城市。現在鴨寮街再沒有鴨賣，變成擺地攤的集散地，並有著「九龍摩羅街」之稱。Why？

「地攤經濟」的出現，主因是居民缺乏錢財，便求售家中古舊、沒用的東西。讀者或許會想到可以找當押鋪、「x蘭站」解決燃眉之急，但二手物件未必獲朝奉[2]垂青出價，所以「雜架攤」便有了市場。到了八十年代，鴨寮街逐漸成為電子零件（如電阻、電容、電路板等）的集散地，其後逐步以售賣電子硬件、電訊、數碼產品為主。近年筆者去鴨寮街，通常是買海外用的電話卡，可憐疫情問題，旅行遙遙無期……）

深水埗、步、埔、莆

深水埗的命名，來自位於今日北河街與通州街交界的深水埗碼頭。「深水」二字按字面理解作水深便可，但「埗」字有時會寫成「埔」[3]、「莆」或「步」[4]。埗原應為「埠頭」的埠，指水邊可停泊船隻的地方、碼頭，後來華人師爺據語音翻譯時把「埠」寫成「埗」，民間則用「埔」和「莆」，所以一些建築物有著不同的寫法。

---

[1] 香港唐樓主要據不同時代的建築物條例、建造物料和技術分為四代。第一代（約一八四一至一九零零年）：維多利亞時代；第二代（約一九零一至一九三零年）：愛德華時代；第三代（約一九三零至一九四一年）：二戰前現代時期；第四代（約一九四五至一九七零年）：二戰後現代時期。

[2] 當鋪的朝奉，即鑑別估價的人。由於櫃檯高，當押者高舉物件，如「上朝奉聖」，故「朝奉」之名由此以來。

[3] 例如深水埔街坊福利會、深水埔公立醫局。

[4] 一八六零年《北京條約》附有之地圖，標示為「深水步」。

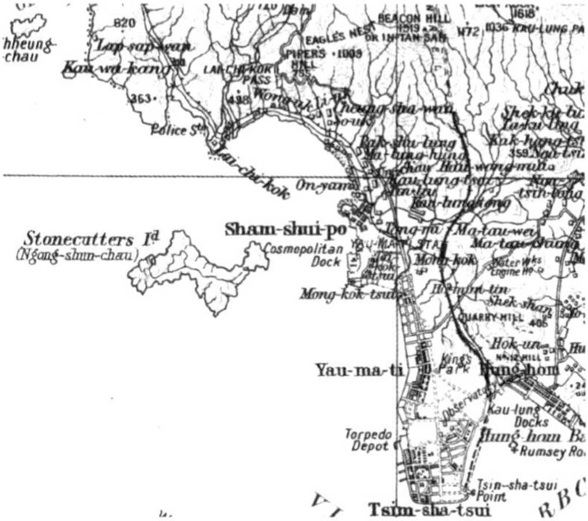

1909年香港地圖（局部）

但是深水埗究竟在哪裡呢？翻看鴉片戰爭前的文獻地圖，其實早已出現「深水埗」這地名，可以推斷深水埗屬於較早開發的地區，但位置與今日不同。地圖上同樣列有「長沙灣」的名稱，與深水埗是壁壘分明的地域。長沙灣對出海域的水深較深水埗（西角）淺，故此，後者有很多渡輪停泊。在香港島割讓予英國之後，清廷曾設「深水莆汛」為邊防，亦有海關緝私及徵稅，類似今日的出入境口岸。

深水埗本來面積不大，卻被「人為」割裂、拼合及擴張，而這種奇怪現象首先與當年九龍「先租後割讓」有關。概念上，由九龍寨炮台（今富豪東方酒店以南）畫一條界線至盎（昂）船洲北端，即「界限街」，正好將原來的深水埗一分為二，清國管北邊，英國管南邊，而早在一八一八年建成的「福全鄉」正好落在邊界。當時九龍人經常往來這條清英陸上邊界，從而帶動深水埗初期的發展。其後在一八九二年，港府刊憲將深水埗（界限以南）改稱為「福全鄉」。

直至英國租借新界，深水埗再次南北「統一」。順理成章地，深水埗的發展擴展到九龍地域（新九龍），在政府行政規劃下，有了「深水埗區」（Sham Shui Po District）的分區概念。小村落、地名被「併吞」，「深水埗區」蓋過原有的地名，使得人們地域概念模糊。再加上街道及填海規劃的影響，地名也時有轉移他處使用的情況。

例如前文提及的「高登」電腦中心、「黃金」電腦商場，所在地原稱為「元洲」。元洲之名由「圓洲」而來，意思是圓形島嶼。元洲靠海，有兩條溪流，一北一東，東面溪流經深水埗北面流入大海，而這條涌今日稱為南昌街渠。擁有兩溪水源使得元洲適合種田，村落則名為「元洲村」（圓嶺仔）。在一九二四年，元洲隨著南方的深水埗發展，被納入市區發展範圍。附近的村落也面對相同的情況，如東南面的田寮村、西面的菴由村及西北的馬壟坑村（今嘉頓鐘樓）。規劃將大埔道和長沙灣道之間的三條街命名為「菴由街」、「田寮街」、「元洲街」，似乎保留了一些歷史痕跡在街名之中。但街名還是可以再改的，菴由街、田寮街其後分別改稱為「福榮街」及「福華街」。至於元州街因為很長，後來「元州邨」因街而名（地名轉移），位置已與原來的元洲村不同。

混淆的地域：長沙灣與荔枝角

模糊的豈止這些。概念上，長沙灣道是沿著長沙灣舊有的海岸線建設的，而長沙灣村（清嘉慶年間的《新安縣志》已有記載）則在現時元州邨及長沙灣站的位置。混淆兩地的原因，是政府多次規劃填海，新的道路建設如荔枝角道（連接荔枝角灣畔至彌敦道）正好與長沙灣道平行；其次是地鐵站名推波助瀾，建在長沙灣道與荔枝角道之間的叫做「荔枝角站」。

或許，讀者曾經有以下遭遇：與朋友相約到長沙灣廣場吃飯，於是坐地鐵到長沙灣站，在站內地圖卻遍尋不獲，然後……終於發現長沙灣廣場是在「荔枝角站」……原來如此，長知識了。長沙灣廣場不在長沙灣站，荔枝角也不在荔枝角站。那麼，荔枝角在哪呢？

揭曉之前，不妨顧名思義。地名稱得上「荔枝角」，就是指海「角」，而「荔枝」是對地貌的形容，因為圓形海角有如一粒荔枝在海面上突出（普遍說法）。另一個說法是荔枝角原名「孺地腳」或「孺仔腳」，源於客家話，解作「兒子在沙灘上的腳印」，後雅化成「荔枝角」[5]。如果查看上列地圖，其實可以找到原來荔枝角（Lai Chi Kok）的位置：東接長沙灣，其以北的山脈則屬於新界（金山和坳背山），例如靠山的九華徑（狗爬徑），雖然很近九龍，但那是新界地（可參看葵青區一文）。故此，荔枝角也被視為新界與新九龍的分界。在二十年代，荔枝角灣填海興建美孚石油公司的油庫，一九六八年美孚油庫搬遷後，該地就改建美孚新邨。屋苑名字顯然比原本的地名更實在，於是約定俗成，人們便叫那裡「美孚」，地鐵站也改稱為「美孚站」。如果非要為地鐵站正名，今日的美孚站應該叫荔枝角站（荔灣站）才是。

正名之外，還要說一說正字。細心的讀者可能留意到地鐵站的「荔」字，為三刀「刕」而非三力「劦」。查《康熙字典》，前者讀「黎」，後者讀「協」，所以根據讀音，前者是正字，後者是俗字[6]。然而任何的約定俗成，時間愈耐，威力愈強，無論是文字寫法，抑或地域概念，亦是如此。正如今日的荔枝角站位於長沙灣西部工商貿區一帶，按理並不是荔枝角。但是，地鐵站的概念蓋過原本的地名和地標，你說那裡是「荔枝角」，相約在那裡等候，反而方便大家。

物轉星移，長沙灣海岸線在哪？荔枝角道外是海邊？統統因為填海而沒有了。填海，使新界遇上九龍……昂船洲今已連接陸地，北部為新界葵青區，南部（原身的昂船洲）屬於九龍深水埗區。

---

[5] 後者說法，某程度上反映地區多客籍人士聚居的事實，例如：蘇屋、李鄭屋、九華徑村等，都是客家人村落，然而是否真由客家話用語發展成為地名，似乎仍需要一番考證。

[6] 坊間流傳，是因地鐵工程為日本財團承辦而用上「日本漢字」（雖確實有日本公司承建），不過是美麗的誤會。

說起昂船洲（曾稱為盎船洲，日佔時稱「向島」），熟讀歷史的讀者應該會想起這原是九龍半島西面的島嶼，按《北京條約》與界限街以南的九龍半島割讓予英國。英文名叫「Stonecutters Island」，意思指島嶼如一個磨刀石；但華人想像力也很豐富，覺得地形像翻轉的船，所以稱「昂（仰）船洲」。

問題來了，小島何用？先是用作開採石礦。然後，是用作坐牢……原因是一八五八年只有香港島的政府，因應中央監獄（即今中環大館的域多利監獄）有人滿之患，於是在一八五九年選址昂船洲建新監獄。囚倉位有限，所以在一八六三年用舊船「皇家薩克遜號」泊在昂船洲附近海面，將部分犯人實行船上囚禁；但這樣囚倉環境更差，一個病，然後就三個病，如此類推，疫病流行。其後，又發生駁船翻沉事件，為安全計，只能靠岸。一八六四年又有集體逃獄，需要加強監管；加強監管，就需要加經費。然後至一八六六年，因為經費高昂，港府裁撤昂船洲監獄計劃。

然後，還是有然後，翌年，該用地撥歸至駐港英軍。。到一八九零年，列為軍事用地。一九零五年，正式成為海軍基地，設有軍用碼頭。直至一九五七年以前，昂船洲一直有海軍駐守。之後，在六十年代至八十年代期間，用作為士兵休養生息的地方。回歸之後，現在是什麼？——中國人民解放軍駐港部隊海軍基地。

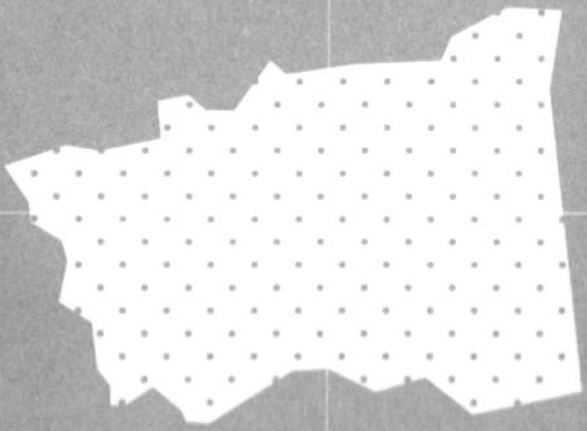

黃大仙區
WONG TAI SIN

黃大仙都係新移民？

「黃大仙」為何叫黃大仙？

引號所指的「黃大仙」指地名，當然街坊街里都會知道這取自於「黃大仙祠」。不過說起黃大仙，其實祂也算是「離鄉別井」的神仙，又或是被「政治迫害」的神仙……

黃大仙，即黃初平，為道教神仙，在此說一說祂的小故事。話說在東晉年間，十五歲的他在會稽金華山放羊時得到道士指引，於赤松山金華洞修煉成仙。

……哼，故事未完，他的哥哥黃初起便四出尋找失蹤的初平，但遍尋無獲，四十年過去，初起在一位善於卜算的道士的指引下在金華洞找回初平。如果讀者想像兄弟重逢會來個「愛的抱抱」，那便錯了，初起竟然問起當年羊群的下落。（難道羊群比弟弟更緊要？）於是，初平叫初起往東面山頭找一找，卻發現四處無羊，初平在山頭大喝一聲，初起眼前的石頭竟應聲昂首而起，變成羊群。然後，哥哥初起動了修道的心，跟初平去修道、修煉……人得道就會變長壽，兩兄弟之後返鄉，原來的親朋好友都過世領便當了，於是他們又繼續修道——完。

但是弘揚黃大仙信仰的故事才剛開始，梁仁庵道長於廣東南海創建普慶壇「赤松黃大仙祠」

（建於一九零一年）。到清帝遜位，民國初建，新時代講求破除迷信，黃大仙便成了落難神仙。一九一五年，梁仁菴道長父子帶黃大仙畫像由廣州來到香港，先後在乍畏街（今蘇杭街）及大笪地開壇闡教，再於灣仔皇后大道東設壇安奉黃大仙師及開設藥店。然而兩年之後，該處被火燒毀，於是他們又將道壇遷移往灣仔海傍東（今莊士敦道）。到一九二一年，梁仁菴道長得到黃大仙師降乩啟示，命他前往九龍城一帶相地建殿，最後搬到現址。

這裡本來不是叫「黃大仙」區

不過，「黃大仙」本身不是叫「黃大仙」區，而是叫「竹園」，即使一九二一年黃大仙祠興建完成，該處地名依舊是「竹園」。但後來，為何這裡不再叫竹園呢？大體如下：首先是「廟」很有名氣，無論屋邨，還是地鐵站的名字都採用這個高人氣地標，「黃大仙廟」因而代表了整個區。（相似的例子有天后，不過地名未被官方認可。）

六十年代後，政府發展建成兩組廉租屋邨，並以附近的黃大仙祠，命名為「黃大仙上邨」和「黃大仙下邨」（重建前為徙置區），「黃大仙」便成為這兩條屋邨的簡稱。乃至一九七九年，地鐵首段路線通車，黃大仙下邨旁的車站亦因為這條屋邨而稱為「黃大仙站」，使區外的市民開始稱呼整個地區為「黃大仙」，逐漸取代原本的「竹園」。

至於為何這裡古代叫「竹園」呢？筆者相信各位讀者或能猜到那與「竹」有關。那源於當地原來的竹園鄉（大多稱為竹園村），因村落所在地有一大片竹林得名。如果再算久遠一點的歷史或就族譜而言，就會知道竹園村是蒲崗村林氏分支，從前竹園的範圍，更包括現今竹園北邨到黃大仙下邨以及鳳凰新村一帶的大片土地。不過地域概念會隨著時間轉變，現在我們說起「竹園」二字，普遍認為只剩下竹園南北邨及鵬程苑一帶。

老虎岩有段故（有斷估？）

看著綠色的地鐵路線，於黃大仙向西移的第一個站便是樂富。樂富是後來改的名字，老街坊都知道以前這裡叫「老虎岩」。當讀者覺得老虎很猛，很 SUPER，很 TIGER，為何要改名的時候，我們不妨說一下地方發展的歷史。

樂富前身是「老虎岩徙置區」，在六十至七十年代沿用舊稱「老虎岩」。話說「老虎岩」以前是一個山頭的岩洞，因曾有老虎出沒而得名。說來這也算是另類「警告」，免得送「人頭」入虎口。[1]又有一說是和地形、山形勢如虎有關。無論如何，「老虎」二字又延伸出另一個說法，便是覺得老虎殺（煞）氣大、不吉利，所以港府便以諧音「樂富」取替了「老虎」。「樂」取自「安居樂業」，而「富」解作富足，寓意居民能安樂、富足。（屯門「虎地」會變成「富泰」，也是

[1] 討論文件指居住者有姓楊（羊）、朱（豬）、馬、牛，居住在老虎洞穴，意義不吉。

同樣道理。）

這裡又帶出另一個問題，為什麼在老虎岩建造徙置區呢？二次大戰後，國共發生內戰，大量內地難民移居香港，居住在山邊興建的木屋，衛生差之餘，密度高又容易發生火警。因此，港府在戰後初期面對基層住屋問題就是：收地、拆木屋、建徙置區、接收木屋區居民。五十年代，港府分別在老虎岩以及附近的橫頭磡[2]興建徙置區，後者後來拆卸重建，一部分屋邨成為樂富，例如昔日頭磡公園的「冬菇亭」及球場成為現時的樂富港鐵站及樂富廣場，由此可見區域及地理範圍亦會隨著社區重建中併合。而地鐵站名，一九七零年港府提出建造地下鐵路系統時，仍稱該處為「老虎岩站」。

改名於一九七零年間進行，港府曾按居民反映及意見，徵集了24個建議名稱，包括「老富林」、「龍翔區」、「龍鳳區」、「老富區」、「獅子岩」、「紫薇新村」、「平安新邨」、「鑼鼓新區」、「荔枝園新區」等，最終港府擬定「樂富」，並於一九七一年改稱「老虎岩」為「樂富新區」（但「樂富」並非24個建議名稱之一）。

兩年之後，為配合香港房屋委員會的成立，改稱為「樂富邨」。後來屋邨改建、重建，於一九八四至一九八五年間分三個階段落成只有6至15層高的樂富邨大廈。嫌重建後的大廈不夠高？但再高些也不行，因為樂富在前啟德機場的高度限制圈之內。

[2] 橫頭磡前身為新九龍四號墳場（即曬魚石墳場）；有說是「橫頭砍」，指涉是日軍行刑地，但現時查無此證；按舊圖及地理，老虎岩與橫頭磡應是連綿的小山頭。

概念模糊和真實——衙前圍在黃大仙區

介紹九龍寨城，通常也會介紹衙前圍這個與之有關聯也相距不遠的地標。但在十八區分界後，衙前圍被劃入黃大仙區，於是為區議會辦導賞團，也按行政分區規劃，黃大仙還黃大仙，九龍城還九龍城。（苦笑）

衙前圍值得一說，是因為它是踏入二十世紀後，唯一曾存在於「香港市區」內的原居民圍村。論歷史價值，早於康熙二十三年，即一六八四年，衙前圍村的名字已記載於《四庫全書》中的〈粵閩巡視紀略〉，當年叫作「衙前村」，即是指九龍（官富）司衙門前面的村落。

「圍」又指什麼呢？這裡的「圍」指向「圍屋」，村屋圍著村落四邊而建，彼此相連緊貼，構成防禦網，而這些單邊屋，以前只用作廚房、養家禽和儲存禾草，圍在中間的村屋才是民居。為何要這般提高防禦？只因沿海地帶不時有海盜出現。

如果參看皇家工兵團哥連臣（Lieut. Collinson R.E.）中尉於一八四五年繪畫的香港島及九龍地形圖（局部），會看到衙前圍的位置標示為「The old town Cowloon」，完整的城牆清晰可見。（比九龍司更清晰，留意：九龍寨城於一八四七年擴建而成。）

至於九龍城衙前圍道和衙前圍村的關係又是什麼呢？一指一九二六年，港府開闢九龍城數條街道，都以附近的古村落命名，而衙前圍道便是源自衙前圍村。另有一說指衙前圍道在古時是

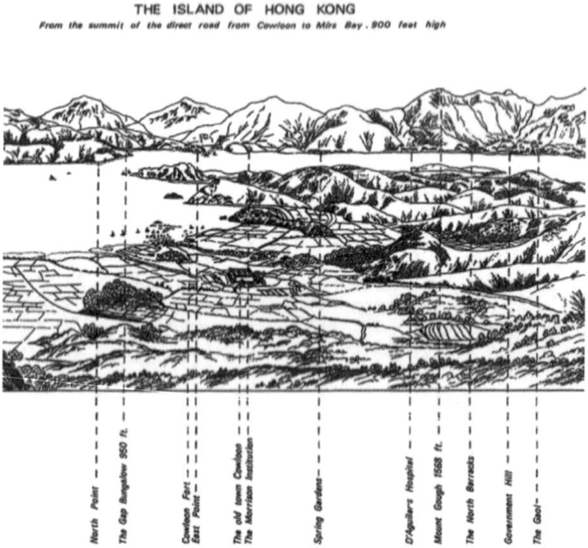

● 皇家工兵團哥連臣（Lieut. Collinson R.E.）中尉於一八四五年繪畫的香港島及九龍地形圖（局部）

沿海的道路，能通往衙前圍，繼而有傳，當年官員能夠由衙前圍道的盡頭走到另一端點收稅項。

無論哪種說法，今日兩者相距甚遠就是了。

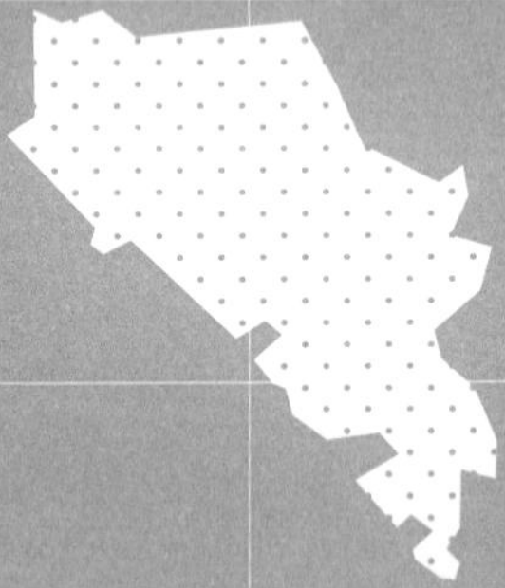

觀塘區
KWUN TONG

從觀塘失去的樽鹽說起

說起「官塘」

過去筆者有一年在觀塘區功樂道的某中學教書，當時家住屯門，距離觀塘很遠，但學校說沒車位，於是打消了駕車回校的念頭。筆者由屯門富泰出發，傻乎乎地搭上西鐵線，轉紅線，再轉綠線，在觀塘站下車，再走到裕民坊等綠 Van 上山回校。冬天天涼，或可以在牛頭角站下車，路經「長命」的階梯上山（樂意山，古名「鱷魚山」）。曾想過在屯市轉巴士入觀塘，但又怕遲到，因為守時是美德（自己傻戇的想法），最重要是準時抵達。

說起來，在旺角坐紅 Van 去「官塘」，也會順利到達觀塘裕民坊，因為官塘是觀塘的舊稱[1]，大家都懂。

官塘為何有個官字？有說是來自「官富鹽場」。北宋時期的觀塘一帶為官方鹽場，稱「官富場」，其後歷代沿用設置，元代改稱「官富巡司」，明代則改稱「官富巡檢司」。總之，這裡有官員打理的鹽場。根據明代《粵大記》的《廣東沿海圖》，標示位置中有「大小官富」一名，推斷所指地帶就是今日的觀塘。然後清初遷海令使沿海居民向內陸遷徙五十里，鹽場因而被廢置，

[1] 一九五三年政府發展觀塘區，正式定名為「觀塘」。

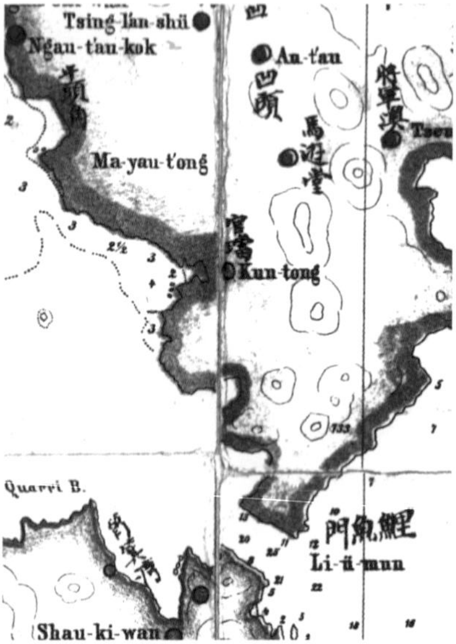

● 一八六六年版《新安縣全圖》，該圖為意大利神父西米安．獲朗他尼（Simeone Volonteri，又稱「和神父」）所繪製。

復界後鹽場卻無法恢復，但為地區帶來「官富」、「官塘」（官富鹽塘）之名。

另一種說法是將「官塘」拆兩字解釋，「官」為「官方」，塘為「水師塘」，意指官方船泊區。根據一八六六年版《新安縣全圖》（見右圖），牛頭角和鯉魚門之間，有著「官瑭」（Kun-tong）的標示（當為今日的觀塘地帶）。可與之作比對的，是清朝同治六年（一八六七年）前繪製的《廣東水師營官兵駐防圖》[2]，也標示著「官檔」、「官檔汛」之名。後者雖然位置準確度較低，但也可以證明當時已有「官塘」之名。

說到這裡，不知讀者認同哪一種說法呢？

觀塘變變變

觀塘區屬於新九龍地帶，戰前還有一個令人討厭的名稱，叫「擸捶灣」（即垃圾灣，茜草灣別名），日軍佔領時稱「塵芥灣」，因為塵芥在日文中解作「垃圾」。二戰後，由於中國大陸政治動盪，於是不少蘇浙商人帶著資本、生產技術和機器來到香港。於五十年代，政府規劃將觀塘發展成為香港首個衛星城市，在其對出海面，今翠屏南邨附近填海造地。觀塘在一九五七年開闢成工業區，在鴻圖道以北及開源道兩旁興建大量工廠，吸引大量工業家進駐。讀者對相關位置沒有印象？那不就是今日觀塘經常塞車的開源道……

---

[2] 該圖繪製者佚名，圖中有數以百計的汛塘駐地標記，以傳統山水畫法展示廣東沿海駐軍情況。

衛星城市，即是自給自足的社區。有廠自然有人，但人住在哪裡呢？政府為此特別撥出一幅土地予房協，興建工人宿舍，名為「花園大廈」，第一期於一九五九年落成，是區內最早興建的「廉租屋」。當年「搵食」艱難，「搵住」也艱難，如果想申請入住花園大廈，需要觀塘區工廠的僱主「提名」，結果是申請者太多，要由攪珠方式分配。不獲分配不打緊，在茜草灣的東北角，雞寮百年古村在新市鎮發展下被拆卸，興建了「觀塘徙置區」（俗稱「雞寮」）[3]，可以先住一下。

興建「徙置區」，主要目的是安置木屋區居民，並且將清拆後的木屋區土地重新規劃。至於徙置區的設備，可以「簡陋」二字概括，不但要共用浴室、廁所，在走廊煮食，也不時出現治安問題。如果讀者以現今標準檢視，當然會覺得非常落後，但在當年，有棲身之所就已屬萬幸，因收入微薄的人，只能在山邊搭建一至兩層高的木屋。人為了獲得工作機會，還是擇近而居。

大致上，「徙置區」（如最有名的「雞寮徙置區」）以徙置大廈為核心，向外延伸出「安置區」（多為木屋）。安置區為臨時房屋區之前身，有限定的面積與搭建物料，並由徙置事務署管理，居民平均居住三至五年，便可獲分配徙置大廈單位。

時至今日，「安置區」、「徙置區」等字詞，與年輕一代似乎有些距離，但由相關歷史慘劇發展成的「都市傳說」一直流傳。例如一九七二年六月十八日，雞寮木屋區（安置區）[4]發生嚴重的山泥傾瀉（造成71死52傷），死傷慘劇隨著時光流轉，發展出「虛」的「金茂坪戲院」

---

[3] 位置即今日翠屏邨一帶。「雞寮」之名，原是指養雞地，由於茜草灣濱海處都是石山石洞，難以耕種及畜牧，於是村民搭蓋簡單寮屋養雞。

[4] 位處翠屏道觀塘新區北面，曉光街西南山坡下方之「秀茂坪安置區」。

猛鬼傳說，原址亦興建了「實」的秀茂坪紀念公園。

猛鬼問題就此擱下，住屋問題才是真實。其後，麥里浩提出「十年建屋計劃」，逐步改變徙置模式，愈來愈重視公屋質素。現時公營房屋也因應時代需要重建拆卸，區內不少地標已空有名號。當讀者坐上紅VAN，經過觀塘道時如果聽到「十三座有落」，恭喜你，這代表你遇上「老街坊」了。彷彿由「火柴盒」組成的長形公屋雖被時代淘汰，但有些習慣構成的集體回憶仍然保留下來。為什麼叫「十三座」？因為牛頭角下邨有十四座，每座大廈均有號碼標記（早年公營房屋的特色），而十三座靠近大路，久而久之便成為小巴、的士上落車位置（即今日九龍灣站附近）。當然，現在大多聽到「淘大有落」，或許這代表私人屋苑多了，時代發展好了……吧……

九龍四山之名

若果要緬憶久遠，「四山」也算是個舊名號，範圍包括牛頭角、茜草灣、茶果嶺和鯉魚門。清代打石業之所以發展迅速，緣於各地對建築石材的需求增加，例如城牆、石柱、門坊、門檻石、地基、橋樑等建設，及南中國各地的建築也要用上。另外，到了香港開埠初期，城市發展同樣需要大量石材。於是，吸引了刻苦耐勞的客家人來到香港島及鄰近地帶開採石材，因而成為主要打石場的「四山」，更立有村落聯盟。約成書於一九一零年代的《瀝源九約竹枝詞》描述「四山」：

「……清遊忽到蘇茅坪（按：秀茂坪原名），瞥見牛頭角又生。茜草灣前多石匠，仙歌嘹亮一聲聲……」，呈現了當時打石的風貌。四山石材，甚至遠銷廣州，興建「石室聖心大教堂」（全球四座全石構的哥德式教堂之一）。

如果大教堂太遠了，可以看一下由麻石建成的「茶果嶺天后廟」和「四山公所」，間接感受一下打石的時光（不過它們也是拆卸後搬遷重建而來的）。當年每山有一人作代表，被駐紮九龍城的官員奏准冊封為「頭人」，合稱「四山頭人」。雖然「頭人」並非官位，但能主管地方大小事務及獲官方授權向「官批石堂」收稅，都算威風一時。隨著英人租借新界，即使「頭人」制度不再，但仍能取得相類似的租約。不過，混凝土的出現以及新式採石場改為使用炸藥、現代化機器採挖，使傳統採石業無法與之競爭。戰後，茜草灣被移平並建造油庫（亞細亞火油公司），天后廟及四山公所拆卸後搬到茶果嶺。現在，茜草灣的油庫又變成了「麗港城」……城市發展，果真「變幻原是永恆」？

裕民坊商圈與回憶

若變幻是主旋律，裕民坊便如樂譜，記載、見證觀塘社區的變遷。自六十年代，廉租屋、徙置區如雨後春筍般出現，人口多，商機便多，位於觀塘市中心的裕民坊已發展起來，商圈延伸至物華街、輔仁街、仁愛圍、同仁街。裕民坊初期空間狹小，人煙稠密，品流複雜，構成不少治安問題，甚至一度有「觀塘紅番區」之稱。

「那是最壞的時代，那是最好的時代。」看電影是當年大眾的消遣活動，建構出三大戲院鼎足的美好時代。分別有邵氏開辦的寶聲戲院（於裕民坊與同仁街交界），放映中國電影為主的銀都戲院（於輔仁街，由左派經營），和主要放映新藝城作品的觀塘戲院（後改名富都戲院，於通明街）。戲院成為居民地標，更成為「集體回憶」。

吾生也晚，那一年在觀塘教書，對裕民坊的概念停留在裕民坊以南的一些舊式大廈，例如：裕民大廈、國泰大廈、裕華大廈、裕民坊大廈等。記憶之中仍有一些街坊小店和攤檔，而重建也是已知的事實。在裕民坊麥當勞吃過早餐，踏上觀塘街道，那年「寶聲」不見了（二零一一年拆卸），「銀都」還未拆卸（二零一三年拆卸）。這可惜嗎？街坊居民喊的「寶聲有落」、「銀都有落」仍在耳邊，未知會在何年何月失落。

油尖旺區
YAU TSIM MONG

Bye bye 你塘尾

有地鐵站但實際上不存在的區域地名：太子

如果你今日約朋友，跟他（她）說在塘尾等，相信沒多少人會知道那在哪裡？但換說是太子，那就非常清楚，然後大家動身出發，在太子站內等待，眼見人來人往，有些人手執鮮花經過。對，太子鄰近花墟，站外就是旺角警署。拿著花，在站外駐留太久，更可能會有某某招呼你。

那麼，太子是旺角的一部分嗎？根據今日的分區而言，當然「是」，但按舊時的村莊名稱，最為接近的是塘尾。以下為一九零三年的地圖，筆者藉此簡單描述一下當時的地貌。九龍塘原指大角咀至旺角之間的海塘淺灣，陸上附近的村落以此命名為「九龍塘村」（Kau Lung Tong），九龍塘的尾部地帶則成為「塘尾」（Tong Mi）。其後（約一九二七年），就是將塘變成陸地的故事了。這片土地被視之為旺角地帶的擴張，也可說是深水埗的延展，那麼該如何稱呼呢？

在五十年代，今日太子一帶在地圖上稱為「塘尾」。報章上，亦常出現「深水埗塘尾道」、「旺角塘尾道」、「九龍塘尾道」、「大角嘴塘尾道」等說法（見後頁）。

說回頭，當時太子道早已建成，因此也會以「旺角太子道」[1]稱呼該地帶，談論那裡發生的

[1] 二十年代，政府開發旺角（今日的太子）一帶，興建一條連接九龍城附近的主要道路，原名宜華徑（Edward Avenue）。其後於一九二二年四月六日，英國王儲愛德華王子（一九三六年即位的國王愛德華八世）到訪香港，參觀這條道路的興建工程，為此，街道翌年改名為「愛德華皇子道」，後又改為「英皇子道」。「英皇子道」於一九二四年四月建成通車；一九三五年，位於香港島東區的英皇道通車，為免兩者混淆，前者再度改名，

KOWLOON AND PART OF NEW TERRITORIES 1903 (ORDNANCE SURVEY OFFICE, SOUTHAMPTON, 1904)

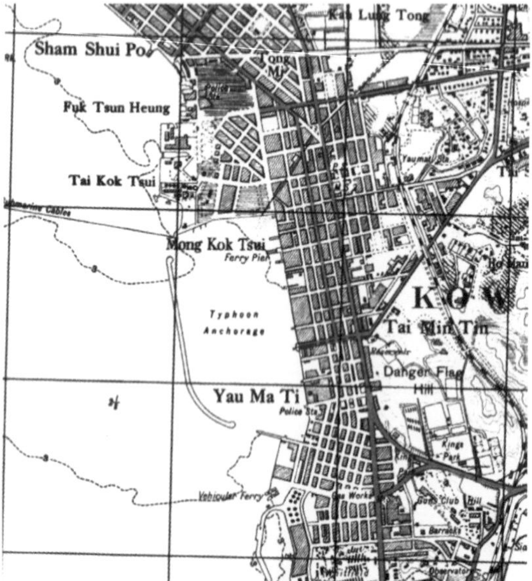

Hong Kong and New Territory, 1952

北角深水埗增建
消防大廈
塘尾道新廈先行建築
明年二月工程可完成

【本報專訊】由於香港人口之增加，消防當局決定增加消防設備，以維持公共之安全，如搭建新消防設備消防局，及對港各區消防局，以配合各種需要，當局認為東區之消防應加強，因為港島東區如一旦發生火警，消防局從遠之區仍需要時，九龍方面亦需一個有力之消防組織，故消防當局在目前情形下，決定在香港北角建築一座消防大廈，同時九龍方面亦建一座消防大廈。九龍方面之消防大廈，現已動工多月，在深水埗[illegible]

興建中之深水埗塘尾道消防大廈

[illegible]

● 〈北角深水埗增建 消防大廈 塘尾道新廈先行建築 明年二月工程可完成〉，《工商晚報》，1952年12月4日報導。

旺角塘尾道將延長至油蔴地
彌敦道交通可改善
大角嘴設渡輪碼頭及巴士廣場

【本報訊】工務司署將計劃延長塘尾道南段，由大角咀櫻桃街至渡船街共約四千呎。該段道路兩邊均可作三線行車，因而沿九龍西面將有一條新路可作南北行車，以緩和彌敦道的擠迫交通。

油蔴地避風塘內約有二十三點二英畝之海灘及海床將予以填塞，以便此項計劃得以進行。填海地區將供作道路延長部分，同時使該區內有更多空地以上落貨物。

利達街與豉油街間的一段海堤現在興建中，該堤長約二千一百呎，預料可於明年八月完成。另一期海堤工程計共長約一千八百呎，乃分別界於利達街與文昌街，及豉油街與櫻桃街之間者，則將在較後時間興建。

有關此期海堤的勘察及初步工程經已完成，預料明年初即可招標承建。

同時大角咀將新設碼頭及巴士廣場，以代替現在之旺角碼頭。

在西貢街與北海街間之油蔴地避風塘南部的舊政府船地，亦將改設在廣東道海旁貨船塢內。

● 〈旺角塘尾道將延至油麻地〉，《香港工商日報》，1970年10月25日報導。

事。由此觀之，「塘尾」似乎未能成為該區域的名稱，反而以「區域＋街道」的形式稱之，或許反映時人對深水埗、旺角、大角咀的印象比塘尾更為清晰。

故此，比起「塘尾」，今日以「太子」泛指旺角北、深水埗南地帶，無疑更方便，有實用意義得多。顯然這是受地鐵站的存在影響，人們按站出口位置及其周邊產生「地標」認同，劃分地域範圍；至於官方是否認可、有否此地名，這並不重要，重要的是在生活應用上方便與否。

時至今日，太子儼然自成一區，將來能否成為官方認可區域地名，是未知數。但現在，九龍城區議會下轄已有以「太子」（Prince）為名的選區，而轉換、植根地名概念需要時間，所以今日我們常提到的太子，仍然屬於旺角。

說回旺角

旺角不大，但地很旺，人很多，平均密度為每平方公里 130,000 人。[2]

問題來了，旺角為什麼叫「Mong Kok」？「旺」字粵音應該是「Wong」（陽去聲）呢？

說來，以前旺角其實是叫「芒角」，因為古時這個地方滿是芒草叢，而且臨近海邊，地形像一隻牛角伸入海，所以稱之為「芒角咀」，附近的村落也因而名叫「芒角村」（見左圖）。

根據清朝嘉慶年間的《新安縣志》記載，芒角村屬官富司管屬客籍村莊，位置大概在現時

[2] 旺角於二零一三年登上健力士世界紀錄（Guinness World Records），為「人口密度最高的地方」。

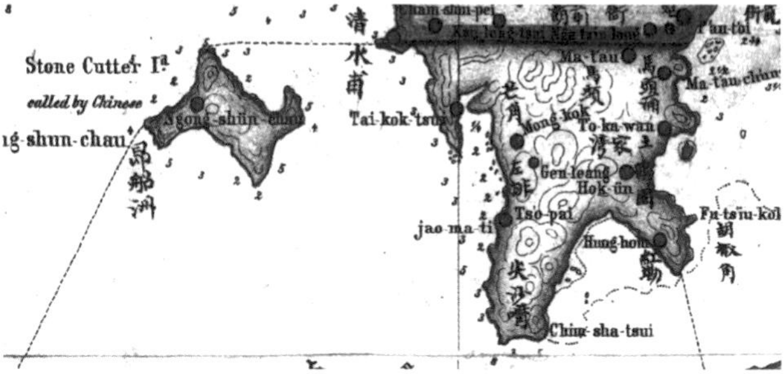
Stone Cutter Ia
called by Chinese
昂船洲
清水甫
Tai-kok-tsui
Mong-kok
Ma-tau
Ma-tau-chung
To-ka-wan
Tso-pai
Hung-hom
Fu-tsiu-kok
Chim-sha-tsui
尖沙嘴
紅磡

1866年新安縣地圖

弼街、通菜街、西洋菜街、花園街一帶附近，屬簡樸的農業社區。村民以種菜（西洋菜及通菜為主）、種花、養豬和養雞維生，其後旺角的街道都以上述的農業活動命名。

自一八六零年起，九龍半島割讓給英國，芒角的村民將種植的花朵、蔬菜和養的禽畜運往香港島出售。有說法指英國人當時多乘坐蜑民（水上人）的船隻渡海，而蜑民呼「芒」（陰平聲）為「望」（陽去聲），因此英國人按蜑民的口音，把芒角叫作Mong Kok（芒、望的標音都是Mong，兩者分別應為聲調）。旺角之名，早見於一九零零年代的報章，坊間普遍說法指，因為芒字有個亡字，不吉利，所以取其諧音「旺」，寓意地方成為興旺的一角。幸而，英文名稱Mong Kok卻保留下來，沿用至今。[3]

在五十年代前，新填地街仍是海邊。城市發展至今，旺角與大角咀（Tai-kok-tsui）間的海灣消失，旺角成為極為繁盛的購物區和住宅區，更為九龍西直通新界和港島各區的最大交通樞紐。

彌敦道的連繫

看著新舊地圖，比對一下便可以知道，今日旺角彌敦道以西的土地都是填海得來。原來九龍除了山多，填海土地亦多，繼續沿彌敦道向南走去，連繫著的就是移（夷）山填海的發展故事。先是

[3] 沿用望角一名（同音）的建築物，例如有中華基督教會望覺堂。

油麻地，作為華人漁民聚居之地，亦是後來避風塘的位置，油麻地天后廟（一八九零年重建）便可以作為當時油麻地其實近海的證明。再向南行，便是官涌山，位置大概是佐敦道至柯士甸道之間。

今日我們說的佐敦，與太子一樣，是以地鐵站作為中心，從而產生的地域概念。但兩個地名相較之下，官涌比塘尾更具歷史意義，一則它是官涌炮台（又名臨衝炮台）[4]的所在地、發生清英兩國衝突的地方；二則它是在中文報紙上常見的地名稱呼，例如：九龍官涌、油麻地官涌、官涌等。只是地鐵站選擇以街名佐敦道命名，而官涌以南的柯士甸道，亦成功進佔另一個鐵路站——柯士甸站。舊地名「官涌」，只保留在官涌街市、官涌市政大廈和官涌街。說來消失的豈只地名，旺角的「海角」消失了，九龍塘的「塘灣」也消失了，沿著彌敦道，看著太子和佐敦由無中生有到約定俗成，地域的消失與確立之間，仍有不少故事可以細說。

彌敦道本來不如現在所見的「長」。一八六零年的地圖描述「此一帶皆係山岡不毛之地」，而山岡自然會阻隔道路，故此，當年發展土地、開墾道路，頗有「愚公移山」、「精衛填海」的精神。

彌敦道這個名字的由來，可說是紀念二十世紀初的「愚公」彌敦（Sir Matthew Nathan，第十三任港督）。早於一八六零年，《北京條約》尚未簽訂之前，九龍半島便以租賃形式租給英國。在地圖中稱得上「不毛之地」，代表著當時九龍半島仍是人煙稀少的地區，故英軍工兵開始修築第一條主要道路，建設一條雙程，甚至單程的行車線便足夠道路基本使用有餘。由一八六零年動

[4] 現時官涌街和炮台街就是昔日的遺址。

紀念英皇喬治五世

九龍新公園明年開放

地點在官涌曠地

本港當局、爲紀念前皇喬治五世起見、特在港九兩地、各建公園一所、公園地點經已指定、各界人士對此兩公園之建設費、亦多所資助、但因時局關係、以致工程未能即時進行、據昨晨英文星期報消息、九龍之一所、將於明年開放、以供居民遊玩、查九龍公園地點、係在官涌之曠地、

官涌曠地，香港工商日報，1929.12.18

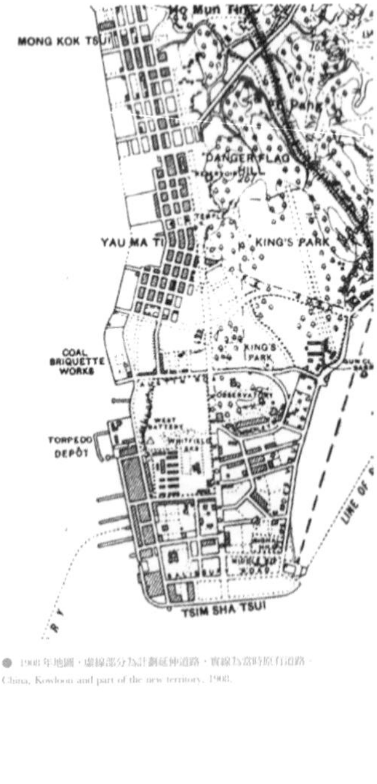

1908年地圖，虛線部分為計劃延伸道路，實線為當時原有道路。

China, Kowloon and part of the new territory, 1908.

No. 184.—It is hereby notified that in order to prevent confusion arising from the existence of duplicate names of streets in Hongkong and Kowloon, His Excellency the Governor has been pleased to direct that the streets in the subjoined list be renamed as shown thereon.

STREETS IN HONGKONG.

Old Names.	*New Names.*	
Chater Street	Catchick Street	吉席街
Albany Street	Tai Yuen Street	太原街
East Street	Tung Street	東街
West Street	Sai Street	西街

STREETS IN KOWLOON.

Chater Street	Peking Road	北京道
Des Voeux Road	Chatham Road	漆咸道
Garden Road	Hankow Road	漢口道
Robinson Road	Nathan Road	彌敦道
Macdonnell Road	Canton Road	廣東道
Elgin Road	Haiphong Road	海防道
East Road	Hanoi Road	河內道
East Avenue	[illegible] Avenue	[illegible]
East Terrace	Wuchow Terrace	梧州台

STREETS IN YAUMATI.

First Street	Kansu Street	甘肅街
Second Street	Pakhoi Street	北海街
Third Street	Saigon Street	西貢街
Fourth Street	Ningpo Street	寧波街
Fifth Street	Nanking Street	南京街
Kennedy Street	Wuhu Street	蕪湖街
Seventh Lane	Yunnan Lane	雲南里
Pak Shing Lane	Soochow Lane	蘇州里
Macdonnell Road	Canton Road	廣東道
Station Street North	Shanghai Street	上海街
Station Street South	Shanghai Street	上海街
Sixth Street	Jordan Road	佐敦道

(to junction with Gascoigne Road.)

Eighth Street	Bowring Street	寶靈街
1st, 2nd, 3rd, 4th, 5th and 6th Lanes.	Notice boards to be removed with these numbers on them as the lanes are merely scavenging lanes.	

Temple Street is to be continued northwards to Man Ming Lane, Yaumati. Portland Street is to be continued Southwards to the same point.

STREETS IN MONGKOKTSUI.

Macdonnell Road	Canton Road	廣東道
Hill Street	Changsha Street	長沙街
Nullah Lane	Shantung Lane	山東里
Station Street North	Shanghai Street	上海街

Hong Kong Government Gazette, 19th March,1909

Sir Matthew Nathan Regrets Leaving.

The publication to-day of the fact that Sir Matthew Nathan was going to Natal created considerable interest. Speculation has been rife during the past week as to his new sphere of work and the billets that have been found for him have been even greater than the combined forces of the Colonial and Foreign Office staffs could ever have discovered. Many people spoke of Natal as a likely place and they will now have the satisfaction of murmuring "I told you so." It is a satisfaction to say that.

In conversation with a representative of the CHINA MAIL this morning Sir Matthew Nathan stated that he had received a cablegram from England giving information similar to that which we publish above, but could not of course say very much regarding the changes made.

Naturally Sir Matthew knew from the outset the place to which he was going but negotiations at Home prevented him making it public until the official announcement was made in London. That was published yesterday and the necessity for reticence on the subject is now ended.

His Excellency regards his removal from Hongkong with deep regret. Residents will be pleased to hear this, though it serves little to assuage the disappointment felt at his going. Sir Matthew says his labours here have been rendered light by the co-operation of a good staff, and his sojourn has been made agreeably pleasant by the kindness of the people. As the Governor put it "the residents have been very good to me."

His Excellency speaks in high terms of praise of the Chinese. They have been of considerable interest to him, and he unhesitatingly pronounces them good people. One of the chief sources of regret at his departure is that he will have to leave the work of constructing the Kowloon-Canton railway unfinished so far as he is concerned. In this first railway of ours he has taken more than a fatherly interest and he hoped to witness its completion. But it is well under way now and Sir Matthew is gratified at that. At the present rate of progress he thinks the line should be ready for work in about three years. This will come as good news.

Regarding his new sphere of operations Sir Matthew Nathan can say little, and his chief concern now is to arrange local matters so that his successor shall have an easy task in continuing the various works which are now so well in hand.

彌敦離任的報導，Sir Matthew Nathan Regrets Leaving, The China Mail, 11th April, 1907

動工到一八八七年，羅便臣道[5]（當時彌敦道的稱呼）的長度只及中間道至柯士甸道，不能北上，全因山岡阻隔。後來彌敦在一九零四年七月就任，力主發展九龍（因已租借新界），提出要夷平柯士甸道北面的山丘，將羅便臣道伸展至加士居道口，同時擴闊路面，成為六線行車的大道，並在道路兩旁種滿大樹。（見前頁一九零八年地圖，虛線部份為計劃延伸道路，實線為當時原有道路。）後來證明，彌敦是有遠見的，但當時的人卻無法理解，稱此舉為彌敦蠢事（Nathan's Folly）。做實事背後，他的改動觸及九龍的軍事地帶、歐人住宅保留區，似乎「得罪」了既得利益者，因而「落台」，最後於一九零七年四月離開香港，成為香港史上任期第二短的港督（前頁為彌敦離任的報導，'Sir Matthew Nathan Regrets Leaving', The China Mail, 11th April, 1907）。

人雖然走了，但功績不朽，一九零九年，羅便臣道正式改名為彌敦道。同時，港府更改九龍半島的街道名稱，避免港九交通更見緊密的情況下，因相同的街名為生活日常帶來混淆。從街道名單之中，讀者不妨比對街道地圖尋找一些規律。（提示：以彌敦道作為分界線……）

西邊的街道如：北京道、漢口道、廣東道、海防道、河內道、梧州道、甘肅街、上海街、西貢街等，大多以中國及越南等地的海口城市命名；比對之下，東邊的街道如：漆咸道、麼地道、加拿芬道、堪富利士道、金馬倫道、加連威老道、金巴利道等，大多沿用洋人名字；部分由東至西的街道如佐敦道、柯士甸道等，維持洋人名稱；而第八街改稱寶靈街，則是少數以洋人命名的西邊街道。

[5]「羅便臣道」（Robinson Road）的命名是為紀念英國第五任港督夏喬士・羅便臣爵士（Sir Hercules Robinson）。留意港島半山有同名街道。

在規劃上，或許是因為尖沙咀至油麻地西邊的開發土地、碼頭，有不少華商或華工生活有關（油麻地為華人聚居地）；或許，是因為那裡與海口城市有緊密的貿易來往，使用這些地名能夠增加辨識度。至於日後彌敦道的延展，鄰近街道的命名又會用上另一種規律。

說到這裡，彌敦道仍然未成為今日的彌敦道。一九一一年，為紀念英國皇儲佐治五世加冕為英皇，港府將由窩打老道至亞皆老街的新路命名為「加冕道」（Coronation Road）。想一想，這距離並不長，原因又是山崗的阻隔……於是港府在一九二三年再度夷山，道路接駁至大埔道，直通新界；一九二六年，再延長至界限街。其後，港府將加冕道併入今日所見彌敦道。（鼓掌！）

最後，當你在彌敦道上開心 Shopping，不妨遙想「愚公」當年的蠢事，打破了九龍山多地少的格局。

中西區
CENTRAL AND WESTERN

西環自講

美麗的想像與區域範圍

不少香港人對中西區有「美好」的想像：這裡是香港的「富貴區」，住在這裡的人「頂得住」樓貴租貴，按理非富則貴；另外，中西區屬第 11 區傳統名校網的涵蓋範圍，所以也是家長期望子女「贏在起跑線」的心水地區。

沒錯，根據《2020 年按區議會分區劃分的人口及住戶統計資料》報告書，中西區成為全港月入中位數最高的地區（按住戶入息計算為 4.09 萬港元）。

沒錯，這裡傳統名校多，由幼稚園、小學、中學、大學……特別是「小學統一派位」，住在這區就有地區優勢（留意 11 校網分區範圍與中西區範圍不同）……

不過，這種美好想像來自什麼因素？筆者可以很認真答你，哼哼，就是——歷史因素（別扔石頭、雞蛋）。

（利申：筆者也是住在這區，不過很窮……）

說回重點，中西區是什麼？就是由中區 (Central)、西區 (Western) 和半山區 (Mid-levels) 這三個部分所組成的區域。

中區所指包括：金鐘、中環和上環等地。

西區：西營盤、石塘咀、堅尼地城、摩星嶺。

半山：包括太平山和薄扶林道北部一帶。

看似簡單易明，但在這裡生活，便會發現不少有趣的情況。

商業世界——中環和上環

有人曾經問：「Leo，你名片上的公司地址寫著『中環德輔道中 xxx 號 xx 金融大廈 xxxx 室』，英文地址上寫 Des Voeux Road, Central，但這可是上環的位置呢？」

說實話，在商業世界中，公司說在「中環」會好聽一點嗎？高級一點嗎？是。

想像一下，中環給你的印象是什麼？是香港的心臟地帶，是商業中心，也是政治中心（政府山）。香港交易所、多家大型銀行、跨國金融機構、外國領事館總部等重要機構都設在中環。事實上在開埠之初，中環就已經是洋人商戶群集之地，是維多利亞的核心地帶。

另外也請想像一下，上環給你的印象是什麼？那是華人商業重心，有南北行貿易、不乏海味藥材，開埠以來一直是華人聚居之地，處處滿溢著參茸海味的味道……

此之所以，說是在中環是有好處的。從行政分區的歷史上來看，這也不能說是「錯誤」。

首先從一八六零年代開始，九約中的「中環」（Chong Wan）的範圍是由西向東——大約是上環街市（即今日西港城）至中環街市。顯然，從歷史的角度將這範圍稱為「中環」並無問題。

不過，範圍並非固定不變，其實是可以再劃。例如一九四一至一九四五年日佔時期，上環被更名「西區」。戰事結束，重光之後恢復原來分區。然而，到一九六三年重新劃區，上環再次劃入「西區」（Western District）。於是界線的「彈出彈入」，使上環與西區曾出現名稱混用的情況。例如前文所提及的「上環街市」英文稱為「Western Market」，但上環（Sheung Wan）仍為坊間應用。

名稱更改，上環、中環的範圍概念亦被重新定義。例如一九六九年因《民政主任計劃》劃分的「中區」，雖然範圍包括上環、中環及金鐘，但與西區的分界線，卻東移至急庇利街。昔日的上環街市（Western Market），便劃入在「西區」之內。說到這裡，地域概念還是模糊不清，定界劃區會轉變，作為現代的香港市民，倒不如以鐵路站（固定地標）來處理可變的地域概念，令生活更為方便。

西環的概念

讓人傻傻分不清楚，是曾經在某些報紙上「西環治港」這個標題。就這個標題，筆者想了很久……這個西環與那個西環顯然是不同的地方……

看不明白？因為「西環治港」的西環，是指中聯辦位處的西環。然而，那裡是西營盤，怎麼會說成西環呢？是因為對面的西區警署嗎？（西區＝西環？）

香港人的西環概念，包括：西營盤、香港大學（石塘嘴）、堅尼地城。

西環人的西環概念，包括：西營盤、石塘嘴、堅尼地城。

兩者說法誰對誰錯，筆者不敢妄下定論。

或者以警署管理範圍來推說，將中區等同中環，將西區等同西環，不失為方便快捷的做法。或者以地理語境的概念來分析，狹義上堅尼地城會被稱為「西環尾」，意思是西環的盡頭，即是說將西環可以劃分為「頭、中、尾」，也是將西區等同西環。那麼，上述標題中的地域概念，算是成立吧……

稍等，如果探討不同時期的行政分區（例如維多利亞城的「約」），能否找到一些端倪呢？

維城初建，分有七約，由西而東，西邊的起始點在西角（West Point），位置大約在今日西區警署，第一約是為西營盤。城市擴展下，從不同年代的文獻及地圖可見，西營盤、石塘嘴、堅尼地城均透過分區漸次出現。「約」的出現，意味著政府對地區實行人口管理及行政方針規劃。

由七約到九約，乃至於十約，都未有正式官方的「西環」約，但有上環、中環、下環的分約下，華人將上環以西的地帶籠統地稱為「西環」，正好為日常生活帶來不少方便。同時，「西環」

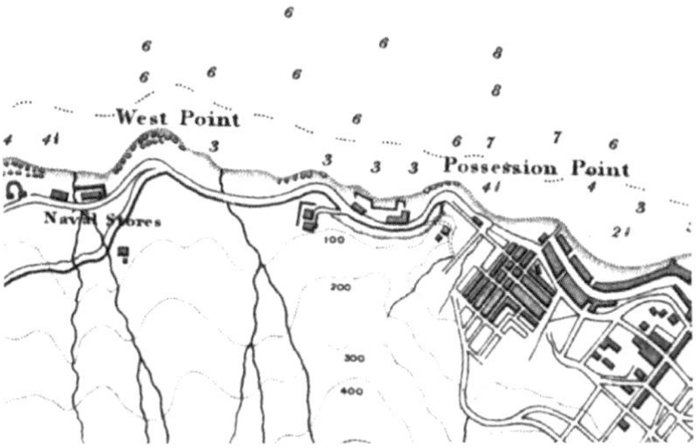

● 1845 年香港地圖，Lieut. Collinson R. E., *The Ordnance Map of Hong Kong, Hong Kong*

● Plans of Portion of the City of Victoria

的概念由西營盤，逐步發展至石塘嘴、堅尼地城，更貼近城市發展的時序。即使十九世紀末，石塘嘴及堅尼地城仍然是「填海進行中」，人口不多，恰如西環的邊陲延伸地帶。

至於西角（West Point）、卑路乍角（Belcher Point），一如港島其他以「角」命名的地方：佔領角（Possession Point）、東角（East Point）、北角（North Point），都是取其地理位置的特徵。那麼地理上的「角」（Point）能否成為地域概念呢？北角可以，佔領角（水坑口）可以，西角可以嗎？可以。故此，英文使用上不時有 Belcher Point、West Point 來代表該區地域。不過，中英地名在翻譯上並非完全一致，例如 West Point 鮮有譯成西角，而譯作西環、西區為多。[1]

翻查報章，「西環」的概念並非固定，例如左圖的報導（〈西環之炸彈案已提堂〉，《香港華字日報》，一九一五年十二月三十日），可見西環所指為希路道（石塘咀山道）一帶。

又例如圖左下（〈堅列地城火警〉，《香港華字日報》，一九一八年四月二日）報導，西環所指是堅尼地城。圖右（〈西環搶米又聞〉、〈搶米案判監〉，《香港華字日報》，一九一九年八月五日）報導，西環所指在西營盤。由此可見，同一時期的報導所呈現的「西環」是一個廣義的概念。

至於「西環」一詞是來自於地域擴張、轉移，還是狹義上的堅尼地城，不如看一看交通工具上的呈現。現時小巴目的地牌會以「西環」（Kennedy Town）（有時以「西環」（Sai Wan））來稱呼堅尼地城小巴總站，所以將西環尾站等同堅尼地城站，於區內市民而言，這是清晰而固定

[1] 即是說西環、西區混用，英文對譯上會有 Western、Western District（西區意譯）、West Point（西角意譯）、Sai Wan（西環音譯）。

香港新聞

○西環之炸彈案已提堂　前報紀馬警察司

於廿四號下午帶領警察前往希路道第拾式號屋搜獲炸彈及拘獲式拾人壹案經警員將式拾人分別盤詰後查得所獲之炸彈共拾五個皆屬空殼幷未配備藥料者乃係在拾式號樓下搜出者昨日偵探帮辦先將中有壹人名高樹又名高桂東解控於案控其藏有炸彈殼拾五個未有警察司執照由活司提審帮辦求將案押候官命押候禮拜壹下午方審保單壹千元出堂後至昨日下午四點鐘帮辦復到堂對官言保單太輕恐被告保出之後或溜行離港官遂將保單加增由壹千元加至弍千五百元被告問官何故要忽然加增保單官不答命牽出聞此將人中有兩人係開米店者警差以其有正當營業先判將兩人釋放尚有拾捌人未解案聞亦不日提堂請究矣又聞中有九人已預請某某狀師代爲申辯至各犯之姓名待此案在裁判司案前進行之時然後宣布

西環之炸彈案已提堂，香港華字日報，1915-12-30

●堅列地城火警　昨日下午七點三十分鐘西環堅列地城忽告火警聞係某蔴纜廠失愼但至八點已撲滅損失多少容查確再報

〈堅列地城火警〉，《香港華字日報》，1918年1月2日

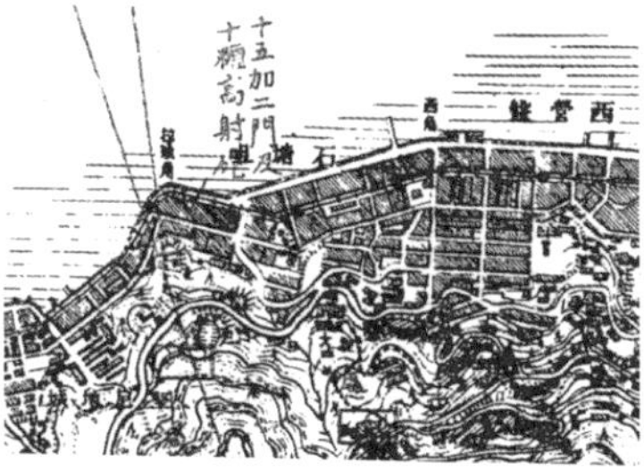

1939年《香港防禦施設圖（香港防御施設図）》（局部）

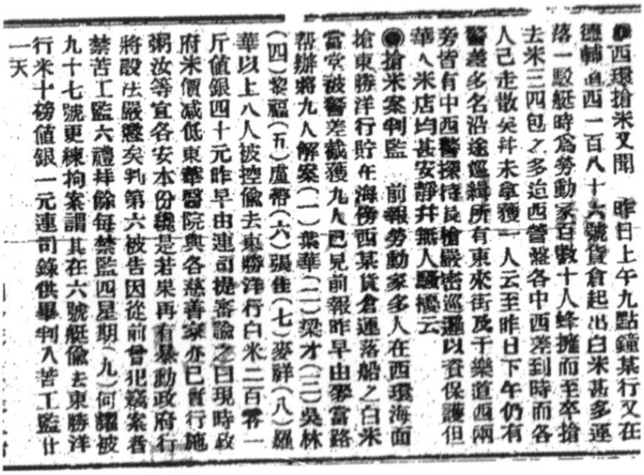

西環搶米又聞　昨日上午九點鐘某行又在德輔道西一百八十六號貨倉起出白米甚多運落一駁艇時爲勞動家百數十人蜂擁而至卒搶去米三四包之多迨西營盤各中西差到時而各人已走散矣并未拿獲一人云至昨日下午仍有警差多名沿途巡緝所有東來街及千樂道西兩旁皆有中西警探持長槍嚴密巡邏以資保護但華人米店均甚安靜并無人騷擾云

搶米案判監　前報勞動家多人在西環海面搶東勝洋行貯在海傍西某貨倉運落船之白米當堂被警差截獲九人已見前報昨早由麥當路帮辦將九人解案(一)葉華(二)梁才(三)吳林(四)黎福(五)盧帶(六)張佳(七)麥胖(八)羅華以上八人被控偸去東勝洋行白米二百零一斤値銀四十元昨早由連司提審論之曰現時政府米價減低東華醫院與各慈善家亦已實行施粥汝等宜各安本份纔是若果再有暴動政府行將設法嚴懲矣判第六被告因從前曾犯竊案香禁苦工監六禮拜餘每禁監四星期(九)何耀被九十七號更練拘案謂其在六號艇偸去東勝洋行米十磅値銀一元連司錄供畢判入苦工監廿一天

〈西環搶米又聞〉、〈搶米案判監〉，《香港華字日報》，1919年8月5日

的地標，他們對此早已習以為常；並且，留意在鐵路港島西線未通車前，西環的交通主要以小巴、巴士對外連繫，過海專線由紅隧或西隧，途經西營盤、石塘咀，最後駛入西環的終點堅尼地城，地域概念便逐步建構起來。故此，老街坊跟你說，西環就是堅尼地城，是約定俗成。假使未來，人們有感這地標模糊，便會以新的地標取替來減少誤會。

石塘到塘西

石塘嘴（現為石塘咀）的地名來自於石礦場；當年華人在此地採石開礦後，稱凹陷的地貌為「石塘」，而向海一段如鳥嘴尖而窄的地帶，稱之為「嘴」。

前文說到，石塘嘴是屬於較遲開發的地域，而這片邊陲之地的填海工程在一九零三年完成。翌年，甫上任的港督彌敦（Sir Matthew Nathan），碰巧遇上水坑口街的妓寨被大火夷平。有危就有機，他下令將妓寨一律遷至石塘嘴，藉妓寨來開發城市（西環屈地街至堅尼地城一帶的地段），值得一提的是當年娼妓業已有法例監管。然後，就是《胭脂扣》[2]中「塘西風月」的故事。文學作品故事是虛構，但虛構之中有真實。

戲中人物如花與永定談及當年石塘嘴的風貌。例如如花和十二少鍾情的地方——太平戲院（一九零四年開業，一九八一年拆卸），是當年全港最大、規格最高的戲院，主要上映粵劇，

[2] 電影《胭脂扣》（一九八七），改編自李碧華的同名小說。劇情講述十二少（張國榮飾）及名妓如花（梅豔芳飾）的愛情故事。

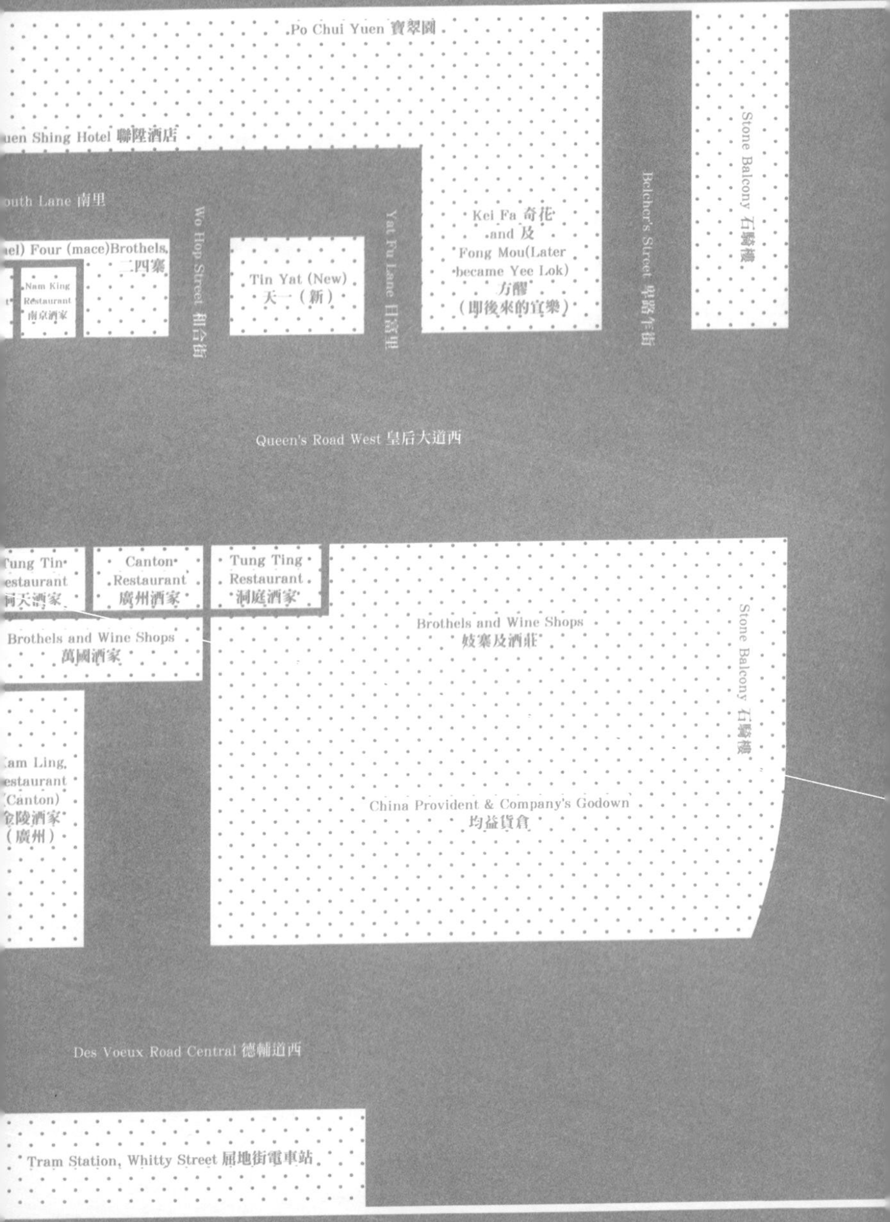

Po Chui Yuen 寶翠園
uen Shing Hotel 聯陞酒店
outh Lane 南里
Wo Hop Street 和合街
Yat Fu Lane 日富里
Kei Fa 奇花
and 及
Fong Mou(Later
became Yee Lok)
方醪
(即後來的宜樂)
Belcher's Street 卑路乍街
Stone Balcony 石騎樓
nel) Four (mace)Brothels
二四寨
Nam King
Restaurant
南京酒家
Tin Yat (New)
天一（新）
Queen's Road West 皇后大道西
Tung Tin
estaurant
洞天酒家
Canton
Restaurant
廣州酒家
Tung Ting
Restaurant
洞庭酒家
Brothels and Wine Shops
萬國酒家
Brothels and Wine Shops
妓寨及酒莊
Stone Balcony 石騎樓
Kam Ling
estaurant
(Canton)
金陵酒家
（廣州）
China Provident & Company's Godown
均益貨倉
Des Voeux Road Central 德輔道西
Tram Station, Whitty Street 屈地街電車站

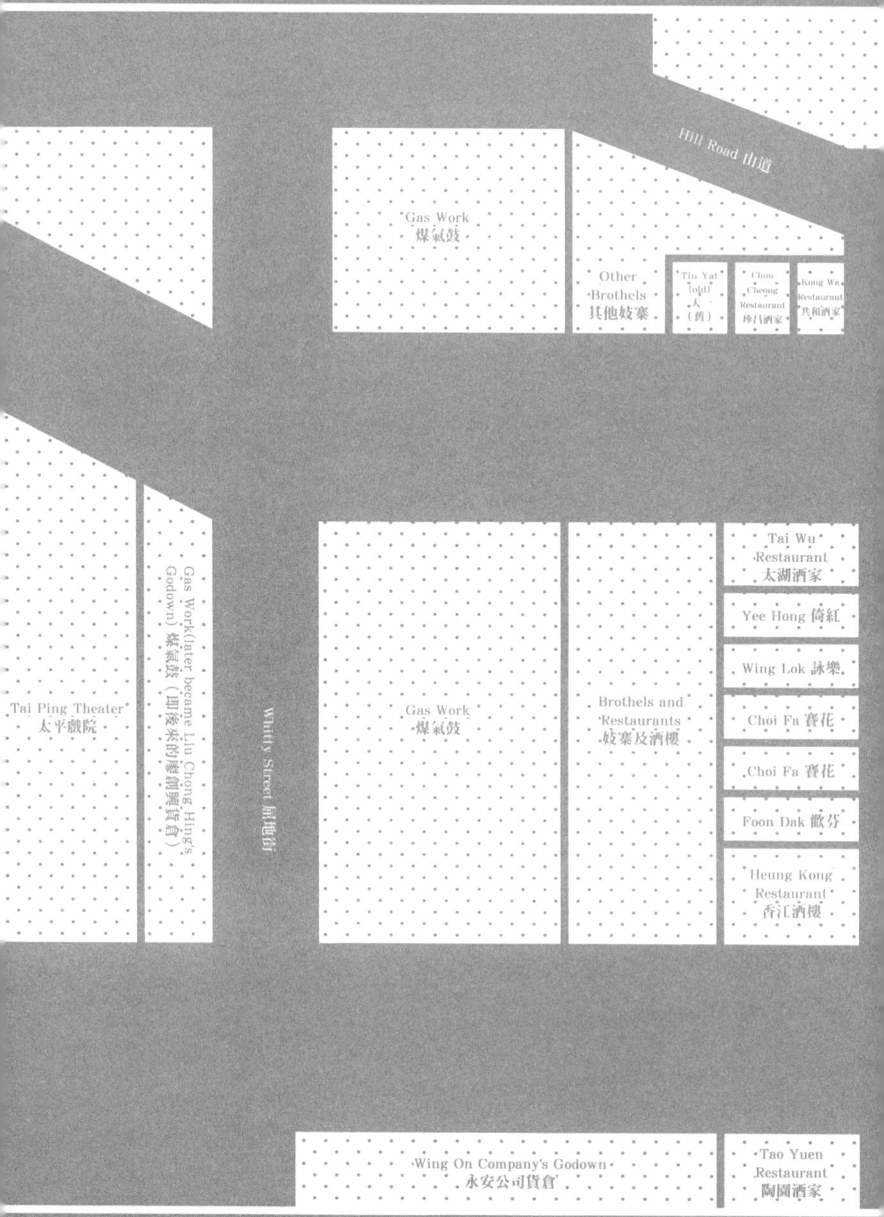
Hill Road 山道
Gas Work 煤氣鼓
Other Brothels 其他妓寨
Tin Yat (old) 天一 (舊)
Chun Cheong Restaurant 珍昌酒家
Kong Wa Restaurant 共和酒家
Tai Ping Theater 太平戲院
Gas Work(later became Liu Chong Hing's Godown) 煤氣鼓（即後來的廖創興貨倉）
Whitty Street 屈地街
Gas Work 煤氣鼓
Brothels and Restaurants 妓寨及酒樓
Tai Wu Restaurant 太湖酒家
Yee Hong 倚紅
Wing Lok 詠樂
Choi Fa 賽花
Choi Fa 賽花
Foon Dak 歡芬
Heung Kong Restaurant 香江酒樓
Wing On Company's Godown 永安公司貨倉
Tao Yuen Restaurant 陶園酒家

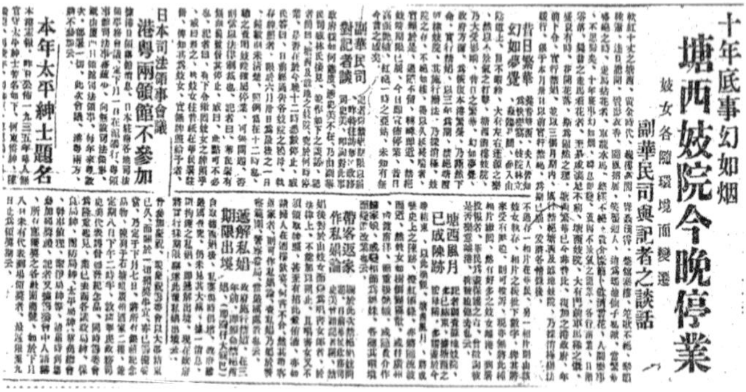
十年底事幻如烟

塘西妓院今晚停業

妓女各隨環境而變遷

副華民司與記者之談話

昔日繁華 幻如夢覺

副華民司 對記者談

塘西風月 已成陳跡

帶客返家 作私娼論

遞解私娼 期限出境

日本司法領事會議 港粵兩領館不參加

本年太平紳士題名

● 〈塘西妓院今晚停業〉，《香港工商日報》，1935年6月30日報導。

位置是今日的華明中心。

當年的妓院大寨，人稱「四大天王」的「賽花」、「詠樂」、「倚紅」、「歡得」，仍有水坑流過，位於現時山道（德輔道西至皇后大道西之間）。

區外人想飲花酒的話，只要乘坐電車到今日的石塘咀總站，正對面就是當年最華麗的金陵酒家（今業昌大廈）所在地，另外又有「陶園」（今一田）、「香江」（今太平洋廣場）、「萬國」（今業昌大廈）等，可選擇飲花酒的酒樓達十五家之多。

「昔日繁華、幻如夢覺」，一九三五年港府正式全面禁娼，石塘咀等地的妓寨全數結業。及至日佔時期，曾將華人妓寨遷至石塘咀「娛樂區」，易名稱「藏前區」。重光之後回復平靜，逐漸變成今日的住宅區。現時走進「塘西」，「事幻如煙」，我們只能從街道、電車站，或看報章、舊相片，談起風花雪月。

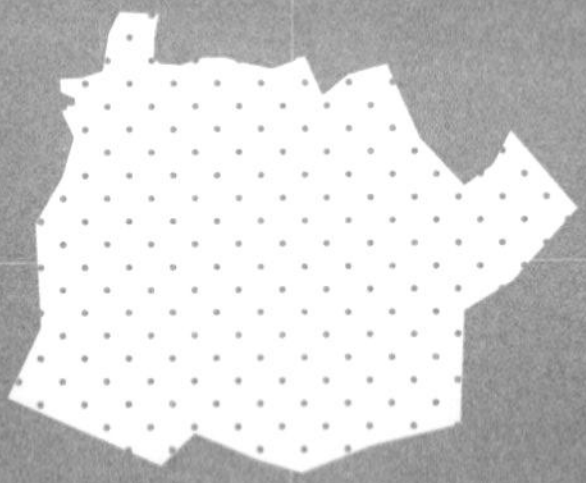

灣仔區
WAN CHAI

夏天，為灣仔帶來鵝頸

大丸有落：地標與時代記憶

最近幾年的五月一日，人們戲稱為「姜濤誕翌日假期」。只要走進銅鑼灣，滿目都是姜濤的相片畫像，以及緩緩駛過的姜濤電車……爆紅現象除了是文化課題，或許將來也是歷史課題。同時，身處於「姜濤灣」的朋友應該要明白這一切「美好的景象」，將會是未來的集體回憶，而每段回憶都具有時代特色及意義。說起來，當年 Twins 所唱的《下一站天后》為十八廿二的我帶來一些對銅鑼灣的印象：「站在大丸前／細心看看我的路／再下個車站／到天后／當然最好……在百德新街的愛侶／面上有種顧盼自豪……」。大丸、百德新街、天后，這裡正好示範了一段簡單的地帶描述。然而，在二零零三年街道里巷放送的歌曲，歌詞中的「大丸」早在一九九八年已經結業。唱著舊地標「大丸」，掛著充滿本土情懷的「灣仔大丸」小巴牌飾物，坐著紅色小巴叫「大丸有落」，時代記憶不經意在我們日常生活間存留或淡出。那麼大丸是什麼呢？

「大丸」（Daimaru，諧音「大馬騮」）是香港首間日資百貨公司，坐落於百德新街、記利佐治街交界的華登大廈地下，於一九六零年十一月三日開幕，後來以日本式彬彬有禮的服務聞名

●《香港工商日報》，1960年11月3及4日相關報導

（右圖為《香港工商日報》，一九六零年十一月三及四日相關報導）。大丸之所以能夠落戶香港，實與利希慎家族和張祝珊家族有關。張玉麟（張祝珊三子）經利銘澤（利希慎[1]長子，銅鑼灣大地主）的引介下，認識「日本通」劉火炎，藉其穿針引線，與大丸合資開業。其後，在七十年代末至八十年代中相繼開業的還有松坂屋、三越和崇光，銅鑼灣成為日資百貨公司集中地。比對之下，不少香港本地的傳統百貨公司便予人「高竇」的印象，以及拒人千里（俗稱「西口西面」）的銷售態度，所以大丸出現，正好開風氣之先，為百貨業帶來新氣象。

直到一九九零年，日資百貨公司如同日本經濟泡沫爆破，出現嚴重虧損，並逐步撤離香港，歌詞中的主角大丸於一九九八年結業，正式走進歷史。或許可以阿 Q 一點說：「不打緊，今日我們還有 SOGO（崇光）。」不過，崇光在二零零一年已將業務轉讓予華人置業集團及新世界發展有限公司，確實是「我們」的本地「日式百貨公司」（笑）。

百德新街到「下一站天后」

百德新街（Paterson Street）[2]除了有「顧盼自豪的愛侶」，周圍還有同系列的街道，例如怡和街、渣甸街、勿地臣街、波斯富街、景隆街，全是以怡和洋行的大班和事物來命名。簡介一下，東角道、怡和街和渣甸坊一帶，從前都是洋人的發展地帶。一八四一年六月，怡和洋行（舊稱渣

[1] 利希慎（Lee Hysan），原名利應，鴉片商人，廣東新會人，利氏家族的創始人。

[2] 紀念約翰．約翰斯敦．百德新（John Johnstone Paterson）家族在香港的貢獻。他曾於一九二一年至一九四五年任怡和洋行大班（「大班」指高層職位）。

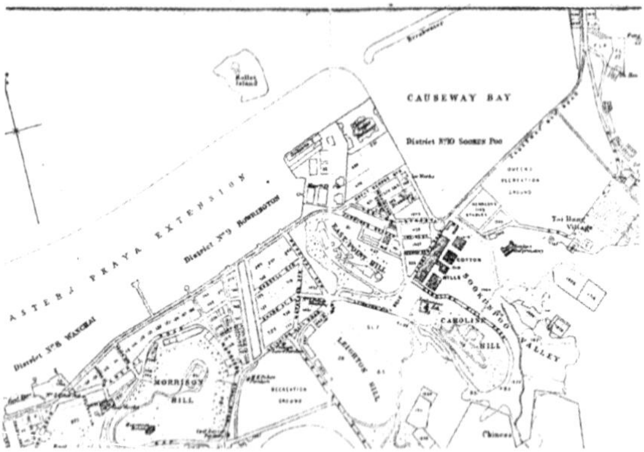

Plan of the City of Victoria, 1913

甸洋行）在香港首次土地拍賣中購入大幅東角土地，經營倉庫，其後業務拓展至不同領域。翻看一九二三年的地圖（局部），可以看到有東角山（East Point Hill），電車路是海邊，亦有糖廠（China Sugar Refinery）、棉紗廠（Cotton Mills）等。現在這些廠都不見了，但仍保留因此命名的「糖街」和「棉花路」。

至於上文提及的利希慎，於一九二三年向渣甸洋行購入原為渣甸山的大片土地，並變成利園山，其後建成利園（遊樂場）、利舞臺等等；還有新會系列的街道名，例如白沙道、啓超道、新會道等等。時至今日，我們仍會說利氏家族是銅鑼灣大地主。

不過，如果追尋銅鑼灣的正確位置的話，就要去到「下一站天后」。在站口不遠處的銅鑼灣道（音譯 Tung Lo Wan Road），是舊時「銅鑼灣」未填海前的海岸線，海灣東端附近有銅鑼灣天后廟，是本區重要地標。海灣的兩端由一條海堤道路（Causeway）貫通，即今日的 Causeway Road（音譯高士威道），而填海後按海堤形成的海灣稱為 Causeway Bay（海堤灣）。「Causeway Bay」也成功取締「Soo Kun Poo」（掃桿埔，官方使用上，即是華人稱的銅鑼灣地帶）。隨後，地鐵站上的命名亦沿用這種華英對譯。另一方面，今日銅鑼灣的地域概念明顯西移，而天后就成了地鐵站衍生出的「新地方」。

天后的地域概念發展：銅鑼灣天后廟是地區地標→鄰近的地鐵站以天后廟命名→再因天后站衍生出新的地域概念

消失的寶靈城

一路向西看，你會在一九一三年的地圖之中找到第九約「寶靈頓」（Bowrington），下方有一條運河，名為「寶靈頓運河」（Bowrington Canal），又稱寶靈渠、鵝頸澗。看到寶靈頓這個名字，聰明的讀者應該會想到與某人有關。沒錯，這是源自一八五零年代末的港督寶靈（Sir John Bowring）的故事。話說「夏天，為大地帶來雨水」（Summer always brings rain）[3]，該處鵝頸澗時常在下雨天泛濫，令黃泥涌一帶一如其名，涌口位變成一片黃泥的沼澤。倡議中區填海工程失利的寶靈靈機一觸，在灣仔及東角之間的鵝頸，來一場填窪工程，解決沼澤的問題，以絕蚊患，還可增加土地供應。「疏導雨水，需要暢通的渠道。」（To carry away rainwater, our drains must be kept clear）[4]渠道的形狀彎曲如鵝頸，既長且窄，華人稱為「鵝頸澗」，經整頓後變成暢通的寶靈頓運河。時至一八六一年，澗上築起了一條行車橋稱為「鵝頸橋」，方便市民來往河堤兩岸，而兩岸種滿榕樹，用意在抓緊泥土，河道有不少魚群，也吸引遊人垂釣。小橋、流水、人家，故曾被稱「鵝澗榕蔭」。一九零四年電車通車，也在鵝頸橋上緩緩駛過。

然而，一九二二至一九二九年灣仔進行新一輪填海工程，由明渠變暗渠。「鵝澗」封蓋消失；「鵝頸橋」與軒尼詩道的接合消失；兩岸「榕蔭」被砍掉而消失。新造空地建成第一代的鵝頸街市，其後於一九六零年遷出原地，最終遷至鄰近的鵝頸街市（Bowrington Road Market），在堅拿

[3] 此句為 1998 年渠務署「保持渠道暢通」（Keep Our Drains Clear）廣告的首句旁白。

[4] 同上，為次句旁白。

道天橋與寶靈頓道之間。鵝澗遂成了今日的堅拿道天橋，兩岸分別設有堅拿道東和堅拿道西兩條道路。昔日川流不息的河道（Canal），以堅拿道（Canal Road）之名而保留下一些歷史意義。

至於地名上，華人慣稱此區為「鵝頸」，而官方對譯英文為「Bowrington」，可見與銅鑼灣的情況相同，華英地名的使用上各取其方便。其後，老一輩華人又會將跑馬地與鵝頸合稱為「跑鵝區」。[5]但是，鵝頸因面對西面灣仔及東面銅鑼灣的「夾擊」，所以地域範圍並不明顯。

不過，今日說起「鵝頸橋」，你還是會想到堅拿道天橋下聚集大批神姑仙姐的情境，她們手執不同的鞋，唸唸有詞地「打小人」[6]，辟啪彼落。無論你拜不拜神，也能在此宣泄人間胸臆，是一道很特別的香港風景。

[5] 今日仍有「跑馬地鵝頸橋區街坊福利會」。

[6] 打小人習俗據說源於廣府地區，已有百多年歷史。清末民初時，在東莞、增城一帶很流行，其後傳到香港新界地區，更被列為非物質文化遺產。習俗的起源，其實演化自驚蟄時「祭白虎」儀式。驚蟄春雷初響，驚醒地下的害蟲猛獸出來為禍人間。猛獸中最兇猛的是白虎，於是人們便塗抹肥豬油在紙老虎的口上，令白虎不能張口傷人，成為「祭白虎」的雛型。後來民間又將驚蟄蘇醒的害蟲比喻為小人，例如蟾蜍開口，就像小人出口傷人、搬弄是非，所以又有了驚蟄「打小人」習俗。

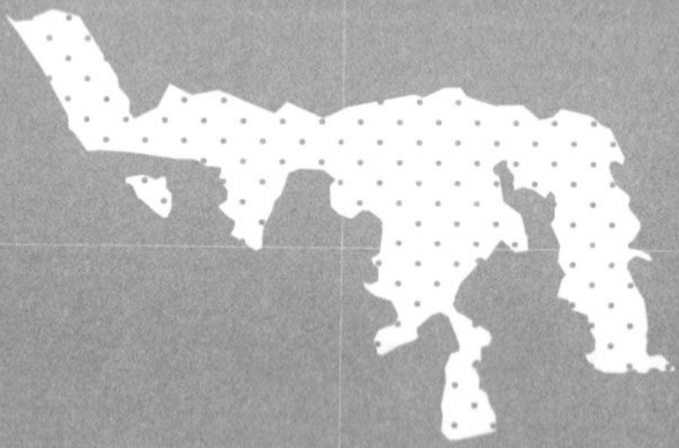

南區
SOUTHERN

Sir, this way

薄扶林——牧場物語

話說早前在中西區物色單位入遷，地產經紀說：「就近有薄扶林的新盤，可以考慮一下。」作為窮L的我想了想，自問住不起位於南區的高尚住宅，而且那裡位置距離學校太遠，便說：「薄扶林不就離開了11區校網，不行。」「不是，那裡真的就近你的小朋友上學。」然後他掃一掃手機，打開地圖，指著樓盤位置，是西營盤薄扶林道6X號，步行至小女在般咸道的幼稚園大概要八分鐘。經紀續說：「西半山地段，這個價格很『相宜』。」當下我明白了，他這種將薄扶林道等同薄扶林的廣義概念，多少滿足了人渴望入住富有地段的想像，遺憾在現實中，那裡只屬中產屋苑，而且主打一房單位……另外，般咸道以南才是西半山……重中之重的重點：我很窮……

話說回來，薄扶林道很長，是連接中西區及南區的主要道路，你可以駕著車，由西營盤西邊街開始，穿過石屎森林來到市郊，眼前是青蔥與海洋，波光粼粼，然後繼續前進，經龍虎山，再沿西高山、薄扶林，最後到達石排灣道。然而，狹義上的薄扶林，是指薄扶林村附近一帶。人們口耳相傳，說這是陳、黃、羅三姓的村莊。翻查志籍，村名原稱為「薄鳧林」。坊間流傳，說這

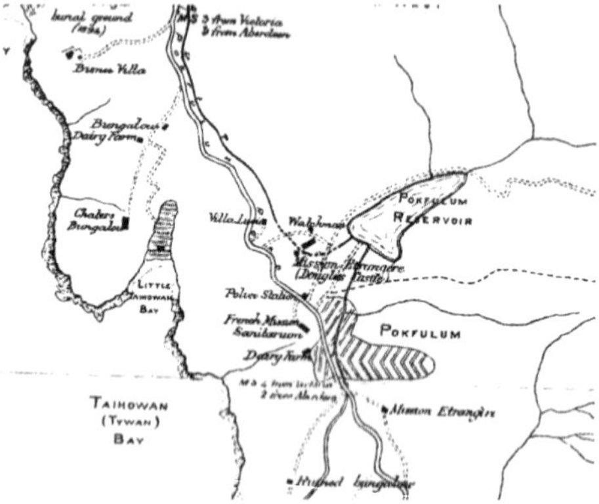

● 1895年香港地圖局部，Hong Kong From Ordnance Map, 1895.

裡是原有很多薄鳧（棉鳧，即野鴨）棲息的茂密樹林，因而得名；又有指那應為「泊鳧林」，因為泊（音：駁）解「棲息」，更合乎說法。不過，這一帶都是山谷、林蔭、瀑布，從地名推說這是禽鳥樂園不見得真確無誤，故求真實的話，說牧牛場的歷史發展會有趣得多（右圖：一八九五年香港地圖局部）。

為何要牧場？因為要養牛。為何要養牛？因為要牛奶。為何要牛奶？俗語有話：「人離鄉賤，物離鄉貴。」在一八八零年代，要飲牛奶不是容易的事。一來船運過來的牛奶貴得離譜；二來洋人自家養牛產的奶品質無保證或者難飲；三來在太平山區（今 SOHO 區以西）的簡陋牛棚由於環境惡劣和乳牛瘦弱，出產的牛奶也不太好。所謂有求就有供，於是在一八八六年，蘇格蘭醫生白文信（Patrick Manson）與一群商人投資成立了牛奶公司，牧場選址為薄扶林。有食水、有牧童，衛生又好，以為牧場發展自然會好，奈何天氣不似預期，因為香港不時有颱風吹襲，影響運送之餘，甚至會吹毀牧場。另外於一八九六年，香港爆發牛瘟，牧場的牛牛全數「中招」，繼而牧場內「清零」，幸而華人牧童 Cheuk Yau 帶了 30 頭乳牛到西區山上飼養，直至疫情過去，帶著逃過一劫的牛牛回到牧場。其後，牛奶公司的生意愈做愈大，牧場的乳牛數量高峰達 3000 頭。由 30 到 3000，好像充滿戲劇性，而另一個仿如戲劇的場面，就是「置地飲牛奶」事件。

七十年代的牛奶公司佔地甚廣，除了擁有薄扶林牧場，還有銅鑼灣、觀塘等地的冰廠，故招來其他財團覬覦。於是，香港開埠以來最大規模的收購戰由一九七二年十月三十日展開，陣容如下：

● 《華僑日報》，1972年11月18日之牛奶公司廣告

（守方）牛奶公司 vs 怡和洋行旗下香港置地（攻方）

初期，置地出動大額現金和大量發行股票（二股置地換一股牛奶），雙方更在報章上大玩廣告戰（右圖為《華僑日報》牛奶公司廣告）。

由周錫年爵士擁有控制權的牛奶公司本來以維護祖業為由，表示不接受收購和不發展地產，其後見不少股東對地產項目動心，於是改變立場，找來華懋地產的王德輝助陣，以換取股東支持。

後期，置地宣佈以一股送五紅股的換股計劃，小股東不明白「除息」[1]及「除權」[2]的概念，更不清楚紅股原來只是數字遊戲（股權稀釋後，權益佔比其實沒有分別），以為「有金執」。加上置地為當時香港最大的地產商，對比之下，華懋和牛奶公司的吸引力較低，結果，股東將「信心一票」，哼，更正，是將「股票」給予置地。一九七二年十二月十五日，置地成功取得牛奶公司90%股份，勝出這場收購戰。「置地飲牛奶」之後，雙方股價大升，成為一九七三年股災的觸發點（置地股價在兩個月內，由7元上升至67元，後來跌回至12元）。

讓焦點由股場回到牧場。置地的「正餐」是發展地產項目，於是後來將薄扶林牧場大部分土地發展成今日的置富花園，活化古蹟「薄鳧林牧場」（位於薄扶林道141號A）只是舊牛奶公司高級職員宿舍（由寓宅、傭工宿舍及車庫組成），所以千萬別誤會成牧場面積很小。

---

[1] 除息（Ex-Dividends）是指公司配發「現金股利」給股東時，將發放的股息從股價中扣除。

[2] 除權（Ex-Right）指的是股票的發行公司依比例分配股票給股東，作為「股票股利」，此時會增加公司的總股數。

說起誤會，有說「Hong Kong」之名也是因誤會而起。相傳在一八四一年第一次鴉片戰爭爆發後，一批英軍登陸香港仔，遇上一名叫陳群（「阿群」）的蜑家婦人，她帶領英人從香港仔越過山路至上環一帶，所以後來以「群帶路」命名這條山路。另一個說法是英軍初抵香港島時，由陳群帶領下在赤柱一帶登陸，經香港村到薄扶林等地，抵達香港島北部一帶。一行人經過香港村之時，英軍詢問該處地名，她以蜑家口音回答「香港」，英人即以蜑家口音「HONG KONG」為記，作為全島的總稱。想一想，如果以————法的標準，這位阿群（陳群）應該不夠————，恐有追溯罪責之虞。

「香港」之名則源於種香業。著名的「莞香」盛產於東莞、新安一帶，而香港的沙田瀝源和大嶼山西部沙螺灣等地，當時都有出產優質的「莞香」。莞香經濟，清代屈大均在《廣東新語》也有提及：「當莞香盛時，度嶺而北，歲售踰數萬金。」又云：「故莞人多以香起家，其為香箱者數十家，藉以為業。」香港、新安縣和東莞縣一帶出產的「莞香」，都是先運到九龍的尖沙頭（即現在的尖沙咀），專供運香的碼頭——香埗頭，再用小船運到石排灣北岸（即現在香港仔附近的石排灣）集中貨物，從這裡經大船轉運往廣州，遠銷江浙等地。

正因「莞香」聞名全國，有學者經考證認為，石排灣這個出口香木的海灣由此被稱為「香港」

1866年《新安縣全圖》局部

（留意這裡是指海灣），其鄰近的村落就稱為「香港村」。到英人佔領香港島後，「香港」便延伸至整個島嶼的總稱，這就是香港一名的由來。

這裡說到的香港村，時人不時誤會其為香港仔，但其實它的正確位置是今日的黃竹坑老圍，稱「香港圍」（Heung-kong-wai）（見前頁，一八六六年《新安縣全圖》局部）。留意，這裡雖然說到「圍」，但其並非是設有圍牆的圍村。另外，有老即是有新，老圍處於黃竹坑山坡之上；新圍則在黃竹坑濱海地帶，是在一八六零至一八七零年間分遷到這裡。

如果再找古籍，明代萬曆年間，郭棐所著的《粵大記》〈廣東沿海圖〉所標誌的香港位置在今日的鴨脷洲。（左頁上圖）到了清代雍正《廣東通志》〈廣東海防圖〉，「香港」仍然標示在相同位置。（左頁下圖）先解說一下，閱讀這些舊地圖，讀者須一改習慣，如在山崗，要坐北向南看（上為南，下為北）。

時至道光年間，《廣東通志》〈沿海洋汛圖〉中的「香港」，已標示在今日的石排灣，而鴨脷洲及鴨脷排則標示為「上鴨脷（脾）」及「下鴨脷（脾）」（見後頁上圖）。由此可以說明，「香港」一名早在明朝已經出現，只是「香港」是指鴨脷洲（島嶼）、石排灣（海灣）還是黃竹坑老圍（村落），有著探討的餘地。如果從「香港」二字的詞義出發，由「芳香的港口」（海灣）延伸至鄰近島嶼或村落也相較合理[3]。過去上課時曾就古籍地圖與學生討論，有些會說華人做事馬虎，繪畫的地圖有欠準確云云。但是，只要代入時人的處境及環境限制就明白，其實能夠製成

[3] 使用同樣邏輯的例子，如九龍塘本是指九龍塘灣，後來鄰近村落以此命名為「九龍塘村」；芒角本指有大量芒草的海角，鄰近村落以此命名為「芒角村」。

明代萬曆年間，郭棐所著的《粵大記》〈廣東沿海圖〉

清代雍正年間，《廣東通志》〈廣東海防圖〉

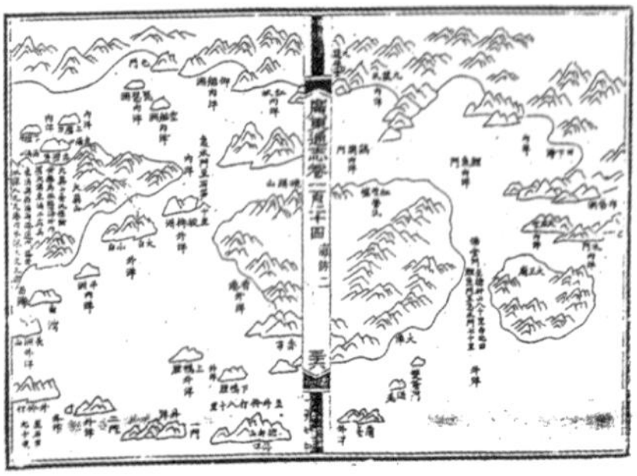

道光年間，《廣東通志》〈沿海洋汛圖〉

Channels to Hong Kong and Macao, 1885. (compiles by James F Imray FRGS and published by Jame Imray and Sons 89 & 102 Minories

這些「欠準確」的地圖已是不簡單的事。

另一方面，洋人繪畫的地圖，即使在測量上精準得多，但於開埠初期，地名未見統一，例如比對一八六六（見頁195的一八六六年《新安縣全圖》）及一八八五（見右頁下圖）年的地圖，也會發現「HONG KONG」、「Heung Kong」與「Heong Kong」等拼寫。又例如海灣名稱，今日的「Deep Water Bay」（深水灣），於一八六六年稱「Deep Bay」（深灣），而於一八八五年又稱「Heong Kong B.(Bay)」（香港灣，不知是否受上方「Heong Kong」的影響）。到一八九五年的地圖（見後頁），香港村的位置被標示為「Little Hong Kong」（小香港），與全島總稱的「Hong Kong」加以區分，並且將拼寫規範化；地名、海灣名也進行了不少調整。

由此可見，將不同時期的地圖比對，已經是一個有趣的小課題。

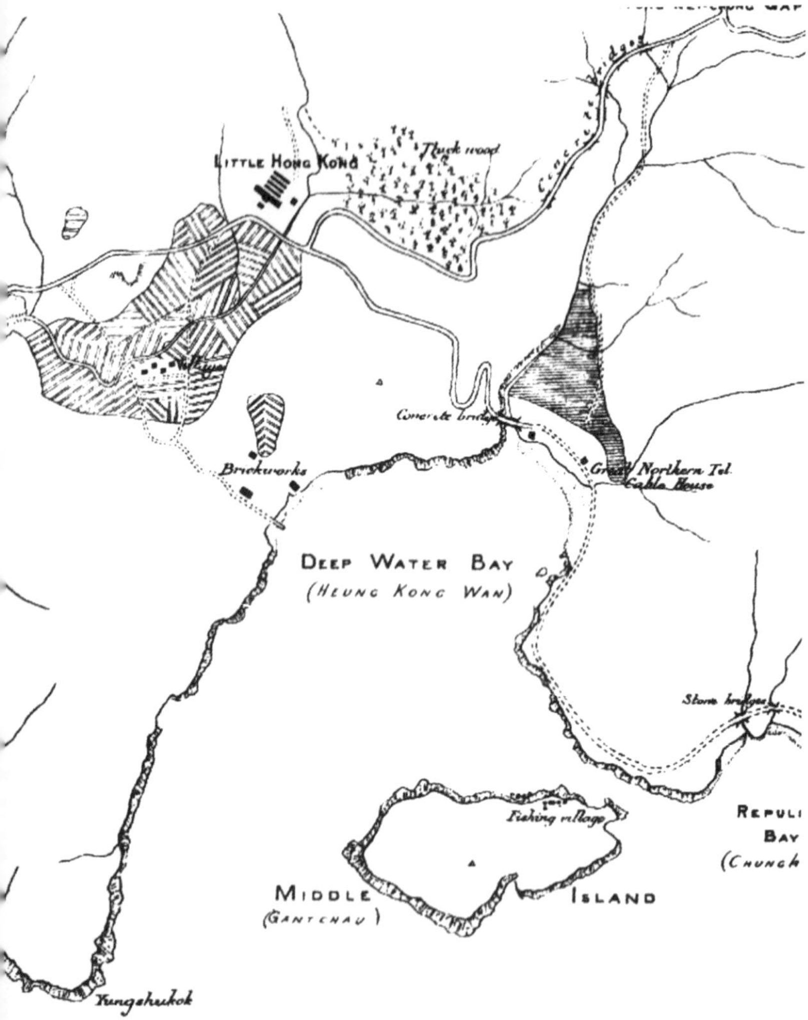
Little Hong Kong
Thick wood
Concrete bridges
Village
Brickworks
Concrete bridge
Great Northern Tel. Cable House
Deep Water Bay
(Heung Kong Wan)
Stone bridges
Fishing village
Middle Island
(Gantchau)
Yungshukok

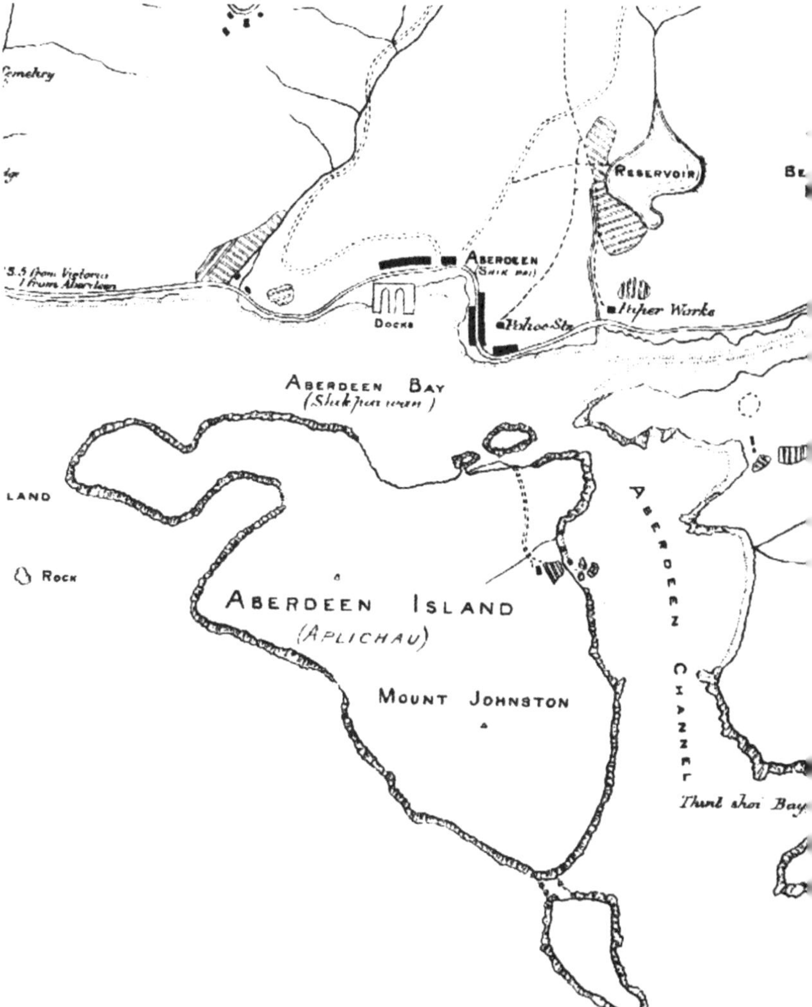

Hong Kong From Ordnance Map, 1895. 香港村的位置被標示為「Little Hong Kong」（小香港）

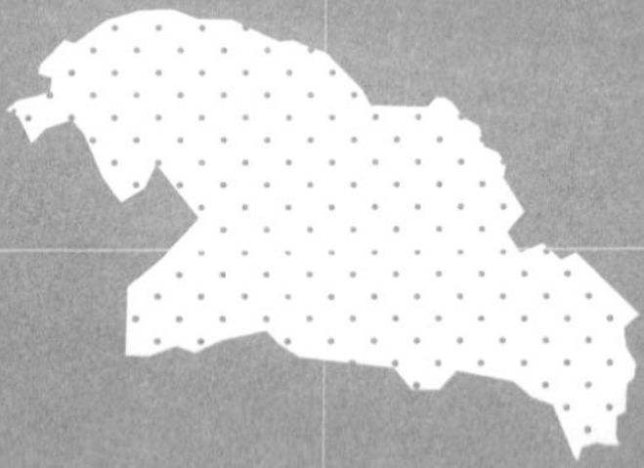

東區
EASTERN

如果看鰂魚涌不妨濛一點

在鰂魚涌的慢步與想像

說起鰂魚涌，年輕的讀者可能會想起海山樓、益發樓這些打卡的熱點，作為電影《變形金剛4》的取景地，有人說這些樓景富有特色，有人則覺得非常壓迫。覺得壓迫？不打緊，附近有柏架山道，走進「城市之肺」，行吓山，總能讓你身心舒適。

在港島，總有山崗喺左近，由於山多，打石地多，港島在開埠之初被稱為「Stone Island」，可說是「名副其實」。以東區為例，由炮台山地鐵站至柴灣站一帶，都曾有過不少打石礦場和石廠。讓人顧名思義的「Quarry Bay」（意譯「採石灣」）便存留了這一帶於十九世紀是花崗岩礦場的歷史：當時石材會先集中於此海灣，繼而經海路輸出。鰂魚涌洋名的由來雖是如此，但華人留意到的，是與筲箕灣道[1]並行的柏架山溪水（水渠），流向海洋的涌口（見後頁），溪水（水渠）中不時有鰂魚出現，所以將此地命名為「鰂魚涌」。華洋地名並非由意思對譯，可以說明香港華洋社會的隔閡，人們各取方便的狀態。

百多年後的今日，雖然溪流與海灣都在填海工程後消失殆盡，轉為商住區的太古坊、太古

---

[1] 1935 年此段改命為英皇道。

● Hong Kong and Part of Leased Territory, 1913（地圖局部放大，綠色為水渠，可見與當年筲箕灣道並行，然後流向大海）

筆者攝於 2022 年 6 月，右為太古坊德宏大廈

圖片為賽西湖水塘（又名寶馬山水塘）（筆者攝於 2021 年 3 月）

城，但鰂魚涌還是有不少以「海」命名的街道，如：海澤街、海灣街、海堤街、海光街等。如果有感難以想像昔日的模樣，不妨走進濱海街，可以看到興建在高地台上的唐樓（一九六一年建成）。為什麼要建在地台上？話說是因為鄰近海邊，藉此防範水漲。但時移勢易，隨著太古集團在該區不斷發展，濱海街也逐漸收入其囊中，將會重建發展，日後能否再看見唐樓，也是未知之數。

說起來，今日不時會有人說太古集團有眼光，當年向政府投得一大幅在鰂魚涌的用地。不過聰明的你會聯繫到這裡曾是城市邊陲，而在山旮旯的鰂魚涌建廠自帶一些好處：一來地價平、面積大；二來臨海，方便建立碼頭及船塢，將貨物運到世界各地。

在濱海街繞個彎，走到糖廠街（Tong Chong Street，見前頁上圖），又可以顧名思義一番。太古集團前身是太古洋行，早在一八六六年在上海設立公司，輪船公司則於一八七二年成立。說起輪船，或者先來個「大航海時代」的遊戲模式，說一說概念：如果你打算賺錢至上，貿易船隻自必然是滿載貨物來，滿載貨物去。當年太古船運最初是從事茶葉及絲綢貿易，網絡由中國沿岸，擴展至日本、東南亞和澳洲。船隻在東南亞各地運輸貨物，再經香港，繼而北上，但希望利潤再豐厚一些的話，可以將原材料加工、再出口，又賺一筆。煉糖業當時之所以在香港「有得做」，除了因為香港是英商「安定繁榮」的根據地，更因為由爪哇及菲律賓進口的原蔗糖日漸增加，有著中國和日本這兩個現成市場，加上參考渣甸洋行在一八七八年在銅鑼灣建立的「中華煉糖廠」，

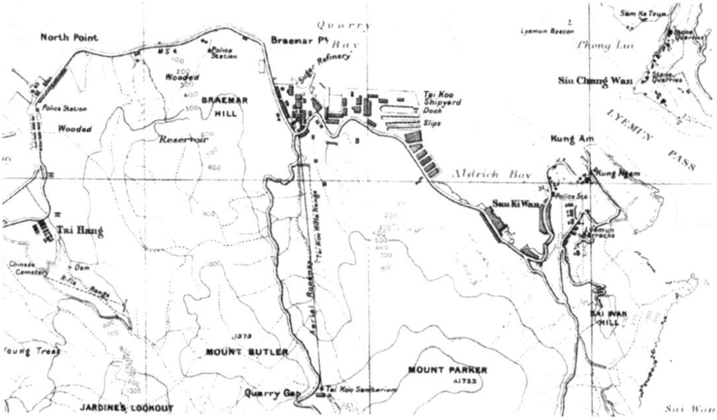

● Hong Kong and Part of Leased Territory, 1913（地圖局部放大，可見太古企業範圍，三個私人水塘及吊車）

於是太古糖業就在一八八一年成立。煉糖廠在一八八四年投產，至一九零零年已成功發展成蘇彝士運河以東最大的糖廠。背後原因就是有好的 Product，要有好 Product，先要有好配套。將原材料蔗糖變成白砂糖，需要精煉及漂白，想黃糖變白，就需要大量淡水，所以太古前後建有三個私人水塘（Reservoir）[2]，確保糖廠能 24 小時運作。即使在一九六零至一九七零年，香港面臨食水不足的問題，糖廠亦無缺水之憂。然而，面對七十年代初，各個地方激烈的糖業競爭，太古糖廠於一九七三年關閉拆卸，改建成今日的太古坊。

步進最大的企業城

說過「大哥」太古糖廠，接著說一下於一九零七年建成的「細佬」——太古船塢。正因太古與其友好公司「藍煙囪」（Blue Funnel Line, Alfred Holt & Co.）擁有輪船及船隊進行貿易，自然需要定期修船，如是者，太古便移山填海，將鰂魚涌港發展成船塢，規模於亞洲數一數二。二戰後，隨著太古船塢在一九七八年結業，船塢搖身一變成為地產項目，所以說到當年船塢的範圍，有人會說今日的太古城有多大，太古船塢便有多大。時至今日，在鰂魚涌會發現不少與太古船塢有關街道，例如：基利路（Greig Road）[3]、基利坊（Greig Crescent）[4]、船塢里（Shipyard Lane）[5]、芬尼街（Finnie Street）[6]。船塢以西，便是糖廠，所以西出的閘口稱為 Westlands，其後稱為華蘭

---

[2] 建於一八九四年，是太古擁有的三個水塘中，最遲建成及容量最大的水塘。另外兩個水塘分別位於：今康景花園及鰂魚涌水塘花園；今康怡花園 B 及 C 座以南約一百米（主壩位置）山坡。

[3] 命名自太古船塢經理 Kenneth Edward Greig，連接英皇道，在鰂魚涌社區綜合大樓分成左右兩段。

[4] 名字由來同上。路呈「U」形，位於基利路南豐新邨。

[5] 命名自太古船塢，留意英文名字是 Shipyard，而非 Dockyard 為「U」型狀的街，兩端連接英皇道。

路（Westlands Road）。

太古糖廠和船塢，除了為鰂魚涌居民帶來了工作機會，並且建有員工宿舍、學校（今太古小學），甚至曾經出現纜車的小社區。當時華人住在山腳，煉糖廠初期的工人宿舍原址，就是今日打卡熱點海山樓的位置。如果略嫌欠缺歷史感，走到鰂魚涌街尾，仍有當年太古留下的四座「太」字樓宿舍，船塢工人住太成樓、太就樓；糖廠工人則住太興樓、太隆樓；寓意「成就興隆」。隨著糖廠、船塢先後解散，宿舍便作私人樓出售，有些售予「自己友」（太古廠工人），亦有些售予「外來人」。

那麼洋人住哪呢？住在山上。往日太古紅磚別墅遍佈柏架山一帶，所以於一八九二年建有柏架山吊車[7]供居民往返，起點在祐民街，終點在山上的大風坳（Quarry Gap）[8]（見前頁地圖），旁建有太古療養院（Tai-Koo Sanitarium）。想像一下，當年的小社區確實「一應俱全」，然而公司是講求效益的，既然吊車的使用率不高，就不如廢棄，所以在一九三二年，吊車系統連同大風坳別墅一起停用、廢棄。今日在附近行山，完好保留的紅磚屋只剩下在柏架山道上的「林邊屋」（今林邊生物多樣性自然教育中心）[9]，繼而輕鬆走，向康山走去，對了，「康山」是英文名「Kornhill」的音譯，來自太古糖廠首任經理 Mr. Ferdinand Korn。

---

[6] 命名自太古船塢經理 John Finnie。他在一九二四年來港當船隻繪圖員，一九三七年升任經理，日佔時期被囚禁在赤柱集中營，戰後留港參與重建和將船塢現代化。他更於一九四七至一九四八年成為香港工程師學會的首任會長。

[7] 此為香港首個纜車系統，兩個六座位的開放式車卡，雙向行駛，由蒸汽推動，英文稱之為 Ropeway 或 Cable Car。

[8] 又稱鰂魚涌坳，為香港島東部一個山坳，位於大潭以北、鰂魚涌以南，畢拿山與柏架山之間。該坳有柏架山道途經，今港島徑第五段及第六段的交接處。

[9] 初時主要作為任職太古糖廠、太古船塢等二級管理層的歐籍職員宿舍，後來加建了一幢車庫。

鰂魚涌是讓人混淆的地域

時人樂於以鐵路站為地標，劃分地區，為生活求方便。說起「太古」，你想起的是「太古站」附近的康山、康怡、太古城等一帶的住宅區；說起「鰂魚涌」，就是「鰂魚涌站」附近，糖廠街的太古坊工商業地帶。但追求地名正確的達人，或許會因人們不知以上全都屬於鰂魚涌區而憤恨。

放鬆點，說起街道、地名、建築、歷史，鰂魚涌也是模糊的存在，因為這裡曾是筲箕灣，也曾是北角。

鰂魚涌之所以曾是筲箕灣，是由於開埠初期的城市發展中，鰂魚涌未有明確的範圍定義，而是存在於筲箕灣的廣義範圍之內（一八四零年代的筲箕灣道附近地帶，由銅鑼灣起，至筲箕灣止）。即使到一八八零年代，因應太古開發鰂魚涌成為工業區，將該道路擴闊，但仍然以「筲箕灣道」命名，故地區稱為筲箕灣鰂魚涌。（左頁上圖，指事發地點為「筲箕灣鰂魚涌濱海街」，《華僑日報》，一九六一年六月二十二日報導。）

鰂魚涌為什麼又曾是北角？當時港島的城市發展計劃向東延，開發北角一帶，鰂魚涌被納入為北角區域的發展範圍之內（三十年代，由銅鑼灣至鰂魚涌一段的筲箕灣道，是為今日英皇道附近地帶）。（左頁下圖，指事發地為「北角濱海街」，《香港工商日報》，一九六六年九月十

濱海街爆竊案
捕獲一疑犯
尚有同黨在逃押候四天
暫不聽取答辯不准保釋

（特訊）本月十八日下午一時許，筲箕灣鯽魚涌濱海街五十號八樓，遭匪徒光顧，幸鄰人覺察，將閘門反鎖後報警，警察聞訊趕至，匪徒經擺開鐵閘逃遁。事後，警方查究，閘日後，捕獲一嫌疑男子，昨解銅鑼灣裁判署，鐵探法庭提訊，控方

罪，康士法官判其入獄四月。

被告陳大就、卅二歲，侍應生，住大環山徙置區C座某號。被控約于去年八月十一日，在筲箕灣仔爛號十六A艇內，竊去朱國銳收音機一具（值二百四十七元），金手錶一隻（值三百元），金戒指一枚（

十六元，讀同該收音機。

本月廿日，警方在筲箕灣道拘獲嫌疑，被告，承認去年八月十一日晚十一時，竊去上述各物。被告並謂：手錶、戒指及金耳環等物，在油麻地避風塘一不詳艇內，因賭牌九輸與不詳姓名之艇家。

指事發地點為「筲箕灣鯽魚涌濱海街」，《華僑日報》，1961年6月22日報導。

北角濱海街火警
適時傢俬工場
損失約七千元

【本報訊】北角濱海街十五號地下適時傢俬工場，昨晨發生大火。工場內傢俬大部份被燒去，初步統計損失七千元。工場內一位男工手部受傷。

化與各種傢俬，由於起火地點，是接近男工陳克然附近的一堆藤絲，陳慌忙中抑檢起一些棉花撲救，致燒傷手部。據說：起火原因，可能是有人丟下烟蒂引起。

指事發地點為「北角濱海街」，《香港工商日報》，1966年9月10日報導。

日報導。）

隨著時代變遷，行政分區及城市規劃愈見仔細，過去「對」的地域觀念，會因明日重訂的而「錯」。故此，與其說是對或錯，不如說是「變化」，不過是傳統的地理分區不同於今日的正確城市規劃分區。何謂正確？現時最新、最正確的分區方法，就是根據標準界線而定，只要上網尋找「城市規劃委員會」（城規會）的「分區計劃大綱圖」（Outline Zoning Plan），便可以輕鬆找到「答案」。

懂得尋找正確答案的好處是什麼呢？假設不同地段有著不同價值，至少買樓不會弄錯地段，但是凡事沒有擔保，日後城市規劃將「條界」點樣擺……小市民只能「任你擺」……

後記

寫書緣起，來自今年一月尾編輯在 Facebook Messenger 的合作邀請。心想：「原來 Facebook 咁容易搵到人？」……通了一趟電話，暫擬了寫作主題。然後，相約在尖沙嘴某 Cafe，商議文章編排，擬定書稿完成日期。很好，總算很快定了 Purpose（目的）。

本想盡快 KO 書稿，最簡單就是將過去《港古佬》系列或電視節目各集內容，重新包裝，再編寫一次便大功告成。想著每日一篇不是夢，怎料……自己沒事找事做。人生就是如此，在 Process（過程）中連自己「條界」攞到不知哪裡去，於是在鑽研一下某些話題，不自覺要著墨多些，說得仔細多些，然後基於篇幅所限而草草收場。

Payoff（成果）如何?寫出來的文章一如書名《條界任你攞》，隨筆寫下，沒有範圍，沒有範式。或許會有讀者想跟我說：「你聯想太飄忽」、「各區所寫的主題不一致」、「條界任你攞」……但是，隨筆的好處可兼有議論和抒情的特點。由生活瑣事說起，駐足停留，看看四周，舉凡街道、建築、交通、地域，甚至買樓，「生活中有歷史，歷史中有生活」。

在這片「生於斯，長於斯」的地方，無論你是喜歡或厭惡，選擇銘記或遺忘。筆者希望這本以生活題材、輕鬆言語包裝的「非 100% 純學術」書（笑稱「輕學術」類書），能讓讀者了解身邊的事物與歷史之間的聯繫，並且帶來一點「無用之用」小知識。完。（笑）

在寫書的時候，將一些想法箚記如下：

地名、地域、地標的聯繫，非既有而不變，且含糊不清。

地名因地貌、人、物、標記而來，時間既久，約定俗成；地名（又分市民慣常用名與官方認可名稱）代表某個地域界限。

地域界限的概念非固定，受官方行政規劃發展影響，時而擴長，時而縮小，甚或消失、被取締；而民眾記憶對地域、地名印象，與官方規劃有所不同，往往按生活便利為要。

地標作為地方標記，原則上以「固定」自然景物、建築為代表。例如：

I. 景物類：古代以「固定」的山嶺、海灣，配以其特徵作為標記，地名因地貌而來；（例如：淺灣、官涌）不過，今日移山填海，山海易變，山嶺、海灣已非固定。

II. 建築類：隨著城市、新市鎮規劃發展，故以屋邨名廈為地標，從而建構指定鄰近域範圍及地名；然而社區、屋苑、名廈、城市，皆可消失、重建及重新規劃，已非固定。（例如：大丸、十三座）

III. 鐵路類：近年鐵路網不斷擴展至香港各處，鐵路站成為市民生活「固定」的地標，從而構成以鐵路站為主的地域概念，以站名代表鄰近地區（例如：佐敦、太子）。

留意上述三者，無淘汰、取代關係，即三者可以在相同時空下出現。

最後，關於地圖及報章，hkmaps.hk、MMIS（多媒體資訊系統—香港公共圖書館）很好用，值得推薦。

中文參考資料

1. 王鐵崖：《中外舊約章匯編》（北京：三聯書店，1957 年），冊 1。/ 2. 余繩武、劉存寬主編：《十九世紀的香港》（香港：麒麟，1997 年）。/ 3. 盧受采、盧冬青：《香港經濟史》（香港：三聯，2002 年）。/ 4. 《香港法例》章 1，《釋義及通則條例》，附表 5〈新九龍範圍〉，1937 年 12 月 8 日。/ 5. 郭廷以：《近代中國史綱》（香港：香港中文大學 ，2008 年），冊上。/ 6. 劉存寬（編）：《租借新界》（香港：三聯，1999 年）。/ 7. 金應熙（編）：《菲律賓史》（開封：河南大學出版社，1990 年）。/ 8. 蘇亦工：〈新界的土地問題〉，劉智鵬（編）：《展拓界址：英治新界早期歷史探索》（香港：中華書局，2010 年）。/ 9. 《香港一九七九年》（香港：香港政府，1979 年），第 22 章，政制和行政。/ 10. （清）舒懋官（修），王崇熙（纂）：《新安縣志》（嘉慶），卷 2、卷 3、卷 4、卷 7、卷 19。/ 11. 詳見田仲一成：《中國宗族與戲劇》（上海：上海古籍出版社，1992 年）。另可參看廖潤琛（編）：《周王二公史蹟紀念專輯》（香港：周王二院，1982 年）一書。/ 12. 麥秀霞、莫冰子主編：《新界指南》（香港：香港時代新聞社，1951 年）。/ 13. 陳國成：〈聯和墟的建立、經營與發展〉，《粉嶺》（香港：三聯書店，2006 年）。/ 14. 〈街知巷聞：粉嶺聯和墟小鎮故事多〉，《明報》，2012 年 7 月 8 日。/ 15. 李浩暉：〈新界墟市：粉嶺聯和墟〉（香港：衛奕信勳爵文物信託受助研究計劃，2016 年 12 月）。/ 16. 薛鳳旋、鄺智文：《新界鄉議局史》（香港：中華書局，2011 年）。/ 17. 克剛（編）：《中國氣象史》（北京：氣象出版社，2004 年）。/ 18. 科大衛、陸鴻基、吳倫霓霞編：《香港碑銘彙編》三冊，（香港：香港市政局，1986 年）。/ 19. 蕭國健：《香港新界之歷史與文物》（香港：顯朝書室，2010 年）。/ 20. 鄧家宙：〈陳春亭與青山寺史事新研〉，《香港史地 · 第一卷》（香港：香港史學會，2010 年）。/ 21. 「法律參考資料系統」（網址：https://legalref.judiciary.hk），高等法院原訟法庭，案件編號：HCMP000562/1992（案件網址：https://legalref.judiciary.hk/lrs/common/search/search_result_detail_body.jsp?ID=&DIS=42724&QS=(chik)&TP=JU），瀏覽日期：2022 年 4 月 3 日。/ 22. 潘淑華：〈光緒年間屯門鄉約承掌約內巡丁合同〉，《華南研究資料中心通訊》（香港：香港科技大學華南研究資料中心，2005 年），期 38（2005 年 1 月 15 日）。/ 23. 齊鵬飛：《日出日落：香港問題一百五十六年（1841-1997）》（北京：新華出版社，1997 年）。/ 24. 蕭國健、謝永昌：《香港民間神靈與廟宇探究》 。/ 25. 參看 1970 年《集體運輸計劃總報告書》（Hong Kong Mass Transit Further Studies）。/ 26. 參看〈關於荃灣海旁臭味問題及受污染海床的補充資料〉，立法會環境事務委員會「資料文件」，會議日期：2008 年 12 月 15 日，編號：CB(1) 1126/08-09(01)。/ 27. 新安縣全圖（San On map of Mgr. Volonteri, 1866）。/ 28. 蕭國健：《香港新界之歷史與文化》（香港：顯朝書室，2014 年）。/ 29. 林村鄉戊子年太平清醮籌備委員會：《林村鄉戊子年太平清醮紀念特刊》（香港：林村鄉戊子年太平清醮籌備委員會，2008 年）。 / 30. 胡春惠主訪，《香港調景嶺營的誕生與消失—張寒松等先生訪談錄》（台北縣：國史館，1997 年）。/ 31. 〈大嶼山竹篙灣 村人多務農業〉，《香港工商日報》，1984 年 10 月 8 日報導。/ 32. 〈大澳走私船隻多改業 偷運各內地旅客入境〉，《大公報》，1941 年 2 月 5 日報導。/ 33. 〈警方經過連串行動檢控二百餘人 大澳走私已減半 因海面屬中國領海 執法受掣肘 與律政署研究 中港雙方亦會透過邊境研究 警方採策略打擊 每日私貨三百多件獲利 大購快速船隻難追捕〉，《華僑日報》，1990 年 6 月 26 日報導。/ 34. 〈由於對開水域不屬香港範圍 大澳走私活動猖獗 警方行動遭遇困難 現正研究引用國際法對付及與內地商討辦法〉，《大公報》1990 年 6 月 26 日報導。/ 35. 〈海關偵破走私龍蝦案〉，《香港政府新聞網》，2021 年 10 月 15 日發表。（網上資源：https://www.news.gov.hk/chi/2021/10/20211015/20211015_155158_890.html，瀏覽日期：2022 年 5 月 24 日。）/ 36. 〈合和長實和黃聯手推動大計港西與大嶼山發展計劃 擬動用二百五十億進行興建機場橋樑泊位等 滙豐萬國寶通安排融資〉；〈港府若今年批准 計劃明年可動工 機場首期工程等九二年啟用〉。/ 37. 〈駐美貿易官員宣傳玫瑰園大計 機場港口發展計劃 提供無限商業機會〉，《華僑日報》， 1989 年 10 月 29 日報導。/ 38. 〈江澤民稱港建玫瑰園需量力〉，《華僑日報》，1989 年 12 月 24 日報導。/ 39. 馮錦榮、劉潤和、陳志明、高添強、周家健：〈啟德明渠歷史研究報告〉及〈啟德明渠使用九龍城寨石塊研究報告〉（香港：香港大學中文學院，2018 年 7 月 15 日）。/ 40. 鄺智文、蔡耀倫：《孤獨前哨——太平洋戰爭中的香港戰役》（香港：天地圖書，2013 年）。/ 41. 梁炳華（編著）：《觀塘區風物志》（香港：觀塘區議會，2008 年）。 / 42. 〈秀茂坪山泥傾瀉與傳說〉，載於施志明、潘啟聰：《香港都市傳說全攻略》（香港：中華書局，2019 年 ）。/ 43. 〈北角深水埗增建 消防大廈 塘尾道新廈先行建築 明年二月工程可完成〉，《工商晚報》，1952 年 12 月 4 日報導。/ 44. 另見〈旺角塘尾道將延至油麻地〉，《香港工商日報》，1970 年 10 月 25 日報導。/ 45. 1866 年新安縣地圖 / 46. 1939 年《香港防禦施設圖（香港防御施設図）》（局部）/ 47. 〈西環之炸彈案已提堂〉，《香港華字日報》，1915 年 12 月 30 日），可見西環所指為希路道（石塘咀山道）/ 48. 〈堅列地城火警〉，《香港華字日報》，1918 年 4 月 2 日。/ 49. 〈西環搶米又聞〉、〈搶米案判監〉，《香港華字日報》，1919 年 8 月 5 日。/ 50. 〈塘西妓院今晚停業〉，《香港工商日報》，1935 年 6 月 30 日報導。/ 51. 施志明：《本土論俗：新界華人傳統風俗》（香港：中華書局，2017 年）。 / 52. 《華僑日報》，1972 年 11 月 18 日之牛奶公司廣告 / 53. 屈大均：《廣東新語》，卷 26。/ 54. 黎晉偉主編：《香港百年史》，第三章，地理，永言君之〈水坑口與石塘嘴〉一文及其〈香港地名考〉一文。/ 55. 蕭國健：《香港歷史與社會》（香港：香港教育圖書公司，1994 年）。/ 56. 明代萬曆年間，郭棐所著的《粵大記》〈廣東沿海圖〉/ 57. 清代雍正《廣東通志》〈廣東海防圖〉/ 58. 道光年間，《廣東通志》〈沿海洋汛圖〉/ 59. 《華僑日報》，1961 年 6 月 22 日報導。/ 60. 《香港工商日報》，1966 年 9 月 10 日報導。

/ 1. Belcher E., *Narrative of a Voyage round the world performed in Her Majesty's Ship Sulphur during the years 1836-1842*(Folkestone: Dawsons, 1970), vol.2./ 2. *The Hongkong Gazette*, 15th May, 1841; *The Chinese Repository* (Tokyo: Maruzen Kabushiki Kaisha, 1941), vol. 10. / 3. Eitel, E.J., *Europe in China: The History of Hongkong from the beginning to the Year 1882* (Taipei: Cheng-wen Publishing Co., 1968) / 4. *The Friend of China and Hong Kong Gazette*, 24th March, 1842./ 5. Sayer, G. R., *Hong Kong: 1841-1862, Birth, Adolescence and Coming of age* (Hong Kong: Hong Kong University Press, 1980)./ 6. *Plan of the City of Victoria*, 1889./ 7. *Map of the Colony of Hong Kong*, 1900. (Printed by Waterlow & Sons.)/ 8. A letter dated 6 January 1899, from Joseph Chamberlain to Governor Henry Blake, in *Hong Kong Government Gazette* ,8th April, 1899. / 9. Peter Wesley-Smith, *Unequal treaty, 1898-1997 : China, Great Britain and Hong Kong's New Territories.* (Hong Kong : Oxford University Press, 1980) / 10. Orme, G. N., "Report on the New Territories, 1899-1912," 9th June, 1912, *Hong Kong Sessional Paper*, 1912/ 11. *A Documentary History of Hong Kong: Government and Politics.* / 12. *The Hong Kong Government Gazette*, 27th May, 1899, p. 816-817; II, 8th July, 1899./ 13."NEW TERRITORIES (LAND COURT) ORDINANCE, 1900," *Historical Laws of Hong Kong Online*（網上資源：https://oelawhk.lib.hku.hk/items/show/729.），瀏覽日期：2022年6月30日。/ 14."CROWN LANDS RESUMPTION ORDINANCE, 1900," *Historical Laws of Hong Kong Online*（網上資源：https://oelawhk.lib.hku.hk/items/show/908.），瀏覽日期：2022年6月30日。/ 15. Map of Hong Kong, 1922(FO 925/25227)/ 16. *Map of Hong Kong : and of the territory leased to Great Britain under the convention between Great Britain and China signed at Peking on the 9th of June 1898*, (London : War Office, 1909.)/ 17. *MAP OF THE HONG KONG AND OF THE TERRITORIES LEASED TO GREAT BRITAIN UNDER THE CONVENTION BETWEEN GREAT BRITAIN AND CHINA SIGNED AT PEKING ON THE 9TH OF JUNE, 1898*, Based on the 1866 map of Sun On District. / 18. *Hong Kong From Ordnance Map*, 1895/ 19. Kowloon and Part of New Territories,1908/ 20. Howard, Ebenezer, *Garden Cities of Tomorrow*. (London, UK: SwannSonnenschein and Co., Ltd., 1902.) / 21. *Hong Kong Gazette*, 6th July, 1892./ 22. *Discussion paper about the change of name for Lo Fu Ngam Estate.* (Hong Kong: Public Records Office, 1971), Image Reference Number: HKRS410-4-5-1./ 23. *Names of Estate proposed by residents of Lo Fu Ngam Estate* . (Hong Kong: Public Records Office, 1970), Image Reference Number: HKRS410-4-5-1./ 24. *China, Kowloon and part of the new territory*, 1908./ 25. 'Sir Matthew Nathan Regrets Leaving,' *The China Mail*, 11th April, 1907/ 26. *Hong Kong Government Gazette*, 19th March,1909./ 27. Lieut. Collinson R. E., *The Ordnance Map of Hong Kong, Hong Kong Government*, 1845./ 28. *Plans of Portion of the City of Victoria HONG-KONG*, June 1859./ 29. *KOWLOON AND PART OF NEW TERRITORIES 1903* (ORDNANCE SURVEY OFFICE, SOUTHAMPTON, 1904)./ 30. *Hong Kong and New Territory*, 1952./ 31. *Plan of the City of Victoria*, 1913./ 32. Nigel Cameron, *The milky way: the history of Dairy Farm* (Hong Kong: Dairy Farm Company Limited, 1986)/ 33. *Channels to Hong Kong and Macao*, 1885.（compiles by James F Imray FRGS and published by Jame Imray and Sons 89 & 102 Minories）/ 34. *Hong Kong and Part of Leased Territory*, 1913.

作者：施志明
編輯：Annie Wong、Sonia Leung、Tanlui
實習編輯：馬柔、Iris Li
美術總監：Rogerger Ng
書籍設計：方包

出版：白卷出版有限公司
新界葵涌大圓街 11-13 號同珍工業大廈 B 座 16 樓 8 室
網址：www.whitepaper.com.hk
電郵：email@whitepaper.com.hk
發行：泛華發行代理有限公司
電郵：gccd@singtaonewscorp.com
承印：栢加工作室
版次：2022 年 7 月 初版
ISBN：978-988-74871-3-5